Menschliches Denken und Künstliche Intelligenz

MENSCH-LICHES DENKEN UND KÜNST-LICHE INTELLI-GENZ

Matthias Pfeffer

Eine Aufforderung

DIETZ

MEINEM VATER
WERNER PFEFFER
(1936–2021)

Verstehen, was ist.

Bibliografische Information der Deutschen Nationalbibliothek
Die Deutsche Nationalbibliothek verzeichnet diese Publikation in der Deutschen Nationalbibliografie; detaillierte bibliografische Daten sind im Internet über http://dnb.dnb.de abrufbar.

ISBN 978-3-8012-0617-8
[Auch als eBook erhältlich: ISBN 978-3-8012-7037-7]

1. Auflage 2021

Umschlag: Ute Lübbeke | Designbüro Lübbeke Naumann Thoben, Köln
Satz: Rohtext, Bonn
Druck und Verarbeitung: Bookpress, Olsztyn

Printed in Poland 2021

Besuchen Sie uns im Internet: **www.dietz-verlag.de**

INHALT

Einleitung

»Dimidium facti qui coepit habet: sapere aude.«

»Wer begonnen hat, hat schon zur Hälfte gehandelt: Wage zu denken!«

Horaz

Dieses Buch handelt von Ihnen, liebe Leserin, lieber Leser und von mir, dem Autor. Davon, wie wir als denkende menschliche Wesen in einer Zeit leben können, die dieses Denken immer stärker automatisiert und für eine angeblich überlegene Künstliche Intelligenz reklamiert. In der diese Künstliche Intelligenz bei ungebremstem und ungesteuertem Wachstum zu einer der größten Bedrohungen für uns werden kann. Und es handelt davon, was getan werden muss, damit wir und unsere Kinder und Enkel weiter in Freiheit und Selbstbestimmung leben können.

Geht es heute um KI, ist die Rede von einer Intelligenzexplosion der Maschinen, die zu einer künstlichen Superintelligenz führen kann. Ein Szenario, das nicht sicher, aber durchaus denkbar ist. Leider ist derzeit nicht ausgeschlossen, dass vorher die Implosion der menschlichen Vernunft erfolgt. Dafür gibt es jedenfalls schon mehr Anzeichen. Beide Szenarien hängen miteinander zusammen. Sie haben einen gemeinsamen Kern: die Krise der Vernunft, die sich zur Krise der Moderne und zur Krise des Menschen ausgewachsen hat.

Dabei geht es um die Frage, wer in Zukunft entscheidet, und wer die Kontrolle hat. Es geht um die Machtfrage. Eine immer mächtigere KI wirft das Kontrollproblem auf, und das auf zwei Ebenen: Sollte eine superintelligente KI geschaffen werden, was Fachleute zunehmend für möglich halten, steht die Menschheit vor dem Problem, ob sich diese KI überhaupt noch durch Menschen kontrollieren ließe, und wenn ja, wie. Sollte die Antwort darauf nein lauten, ist auch die Frage nach der Möglichkeit menschlicher Freiheit negativ entschieden, denn eine nicht kontrollierbare

KI gewinnt gegen den Menschen jedes Spiel. Das Risiko, dass eine solche Superintelligenz geschaffen wird, mag heute noch gering sein, da ihre Folgen aber derart massiv wären, muss es untersucht und die Entwicklungen heutiger KI entsprechend so gelenkt werden, dass die Risiken möglichst beherrschbar bleiben.

Die zweite Ebene des Kontrollproblems, das KI aufwirft, muss uns ebenso beschäftigen, denn es gefährdet schon heute die Freiheit: Es geht um die Macht, die Unternehmen und Staaten durch KI über Menschen ausüben. Eine Macht, die die Demokratie weltweit bedroht und die eine Gegenreaktion erfordert. Es geht – dramatisch formuliert – um die beiden Szenarien einer potenziellen (Welt-)Herrschaft *durch* KI oder einer potenziellen (Welt-)Herrschaft *der* KI. Beide Ebenen bilden das politische Kontrollproblem der mächtigsten Technologie, die Menschen je entwickelt haben. Es sind Fragen, die wir heute beantworten und Entscheidungen, die wir heute treffen müssen, um morgen überhaupt noch Entscheidungen treffen zu können.

Auch wenn dieses Buch kritisch mit KI ins Gericht geht, so ist es doch nicht radikal technikskeptisch oder gar technikablehnend. KI kann auch viel Gutes ermöglichen: bessere Medikamente, bessere Maschinen, eine bessere Versorgung der Weltbevölkerung vor allem mit Wasser, Lebensmitteln und Bildung. Vielleicht gelingt es sogar, mit ihrer Hilfe viele der großen sozialen und politischen Konflikte unserer Zeit oder auch die größte derzeitige Herausforderung, die Klimakrise, besser zu lösen. Das alles setzt aber voraus, dass die Menschen die Kontrolle über sie behalten.

Die Frage, welche Richtung diese Technologie nehmen wird, ist offen. Fest steht allein, dass heute schon darüber entschieden wird.

Auch durch Sie. Denn Sie nehmen an dieser Debatte teil, ob Sie wollen oder nicht. Sei es als Nutzer der zahlreichen digitalen Dienste oder als Bürger, der sich um eine lebenswerte Zukunft sorgt. In jedem Fall als Mensch, dessen Vermögen, vernünftig zu denken und zu entscheiden, durch KI einem nie gekannten Stresstest ausgesetzt wird.

Deshalb will dieses Buch eine Aufforderung sein zum Denken und zum Engagement in der Demokratie, will Anstöße geben zum menschlichen Denken in Zeiten Künstlicher Intelligenz. Damit Sie und wir alle eine menschliche Zukunft haben können.

1 Die beinahe Machtübernahme

»Die Demokratie setzt die Vernunft im Volke voraus, die sie erst hervorbringen soll.«
Karl Jaspers

Am 6. Januar 2021 hält die Welt den Atem an. Ein aufgebrachter Mob stürmt, angefeuert durch den eigenen Präsidenten, das Kapitol in Washington und damit das Herz der amerikanischen Demokratie. Viele der Teilnehmer filmen live und übertragen den Sturm auf Amerikas Demokratie über Facebook. Einige tragen die Videokameras montiert auf ihren Helmen. Der Facebook-Algorithmus schaltet dazu passende Werbung von Waffen und Militaria.[1] Neben einem Sturmgewehr, einer schusssicheren Weste und Kisten voller Munition erscheint die Werbezeile: *The survival gear that you are missing, Die Überlebensausrüstung, die Ihnen fehlt.* Die Teilnehmer hatten zuvor ihre Pläne ganz offen in den einschlägigen Gruppenchats besprochen, dennoch traf die Eskalation die Polizei für die Weltöffentlichkeit erkennbar unvorbereitet. Der Facebook-Algorithmus zeigte sich weniger überrascht, er sah schon den Bedarf an weiteren Waffen und Material voraus und regierte mit entsprechender Werbung. Ist er doch darauf trainiert, die Absichten der Nutzer aus ihren Datenspuren herauszulesen und ihnen dann entsprechend passende Kaufangebote zu unterbreiten. Er weiß, was Sie brauchen, wenn Sie tagelang mit Gleichgesinnten den Sturm auf die Demokratie geplant haben, schließlich hat er selbst seinen Beitrag dazu geleistet.

Denn er kann noch viel mehr, als nur Werbung verkaufen: Er kann Menschen mit ähnlichen Ansichten erkennen, schon bevor sie selbst wissen, dass sie diese Ansichten haben. Und daraus Absichten machen. Durch das permanente Durchpflügen gewaltiger Datenbestände, das Erkennen von Mustern und die Bildung milliardenfacher persönlicher Profile kann er größeres

Wissen über seine Datenlieferanten gewinnen, als diese selbst über sich haben, deshalb ihre Vorhaben, Wünsche und Gefühle besser verstehen als sie selbst und darum auch besser steuern. Durch gezielt verschickte Nachrichten und Beiträge kann er aus latentem Ärger über einzelne Angehörige von Bevölkerungsgruppen manifeste Fremdenfeindlichkeit machen, aus dem Ärger über bestimmte Politiker einen Hass auf die Demokratie. Bei diesem Prozess spielen Fakten kaum eine Rolle, sie sind sogar hinderlich. Der Algorithmus will Emotionen mobilisieren. Und er ist auf Steigerung aus, weil er Aufmerksamkeit gewinnen und nicht mehr abgeben will. Dabei hilft ihm eine zunehmende Polarisierung. Eine bestimmte psychische Disposition des Nutzers, die er aus dessen Daten herausgelesen hat, kombiniert mit anderen Datenpunkten reicht ihm aus, um ihn einschlägigen Gruppen vorzuschlagen, die ihn dort mit weiterem »passenden« Material versorgen. Ein radikaler Anführer, der den Ton vorgibt, hat sich dort schon längst gefunden: Er hat die meisten *Likes* der anderen Gruppenmitglieder eingesammelt, indem er den Ärger durch immer spektakulärere und unglaublichere »Enthüllungen« und emotionalisierende Aufrufe befeuert. Wenn er noch dazu selbst der Präsident ist, umso besser.

So hat sich die Eskalation der Proteste gegen das Ergebnis einer demokratischen Wahl in der wichtigsten Demokratie, die lange als Anführer der freien Welt galt, vor den Augen eines alles sehenden Algorithmus abgespielt, der dabei keineswegs passiv blieb: Ist er doch darauf trainiert, die Nutzer, die ähnlich ticken, zusammenzubringen, um gleich einer ganzen Gruppe ein passendes Produkt zu empfehlen und sie durch »Anstupsen« dazu zu bringen, es dann auch zu kaufen. An diesem Tag war die Zahl der entschlossenen potenziellen Käufer von Waffen und Militärausrüstung erfreulich hoch. Erfreulich für die Facebook-Algorithmen. Weniger erfreulich für die Demokratie.

Die Werbetreibenden konnten zufrieden sein: Ihre Botschaft erreichte eine zu hundert Prozent passende Zielgruppe, hatte doch der Algorithmus mitgeholfen, sie passend zuzurichten: Eine Gruppe von Menschen, die buchstäblich zu allem entschlossen war, vor allem dazu, Gewalt einzusetzen. Der Algorithmus hatte seinen unmerklichen, aber wesentlichen Beitrag dazu geleistet, diesen Werbeerfolg zu ermöglichen. *Mission accomplished.* Dass dabei kurzzeitig die Demokratie am Abgrund stand, wurde als Kollateralschaden in Kauf genommen.

Der gesellschaftliche Preis für ein solches Werbetool ist hoch, ihn zahlen am Ende alle. Denn der Algorithmus teilt die Bevölkerung in Gruppen und Grüppchen auf, je nachdem wo ihre Schwächen liegen und sie am leichtesten manipulierbar sind, und bestärkt sie dann in diesem Gruppendenken mit »passenden« Nachrichten. Eine Untersuchung zeigte nach den Ereignissen des 6. Januar, dass in den Tagen nach der Erstürmung die Gruppen der Trump- und Biden-Sympathisanten jeweils zwei völlig unterschiedliche Wirklichkeiten bei Facebook angezeigt bekamen.[2] Das Ereignis wurde so zum Katalysator weiterer gesellschaftlicher Spaltung. Alles Folge eines Werbemodells, das auf Personalisierung setzt und dabei den gemeinsamen Grund von Überzeugungen, der die Basis von Gemeinsinn bildet, gezielt untergräbt. Und Folge von Algorithmen, deren Belohnungssysteme ausschließlich darauf programmiert sind, die Verweildauer der Nutzer und die Klickrate der Werbeanzeigen zu maximieren.

Ein Algorithmus, der alle überwacht und dabei die Strippen zieht, um die Überwachten in seinem Sinne zu lenken. Natürlich ist das eine Metapher. Die aber einen maßgeblichen Kern des neuen Überwachungskapitalismus trifft. So hat die amerikanische Autorin Shoshanna Zuboff das neue digitale ökonomische System bezeichnet, das die Daten der Nutzer sammelt und auswertet, um aus ihnen Verhaltensprognosen zu erstellen, die an den Warenterminmärkten der Aufmerksamkeitsökonomie hoch profitabel gehandelt werden.[3] Doch wer ist der Algorithmus, und wenn ja, wie viele? Hinter diesen hochkomplexen Programmen lassen sich die Ziele der Unternehmen erkennen, die sie betreiben. Und einige von ihnen sind sehr tückisch. Man sollte glauben, dass sie ihr Ziel, die Klickrate zu erhöhen, um dadurch mehr Werbung zu verkaufen, lediglich dadurch verfolgen, dass sie dem Nutzer Informationen anzeigen, die er mag, damit er daraufklickt und das Produkt erwirbt. Das ist aber nur die Hälfte der Wahrheit. Im Online-Marketing werden sogenannte *Bandit-*(sic!)-Algorithmen, sowie Algorithmen für *Reinforcement Learning* (selbstverstärkendes Lernen) eingesetzt. Diese Algorithmen verfolgen nicht nur das Ziel, durch ihre Nachrichtenauswahl den Nutzer mit dem passenden Angebot zufriedenzustellen, sie versuchen vielmehr die Vorlieben der Nutzer so zu ändern, dass sie für den Algorithmus transparenter werden. Einem durchschaubaren Nutzer lassen sich die passenden Waren leichter verkaufen und am einfachsten durchschauen lassen sich Menschen mit radikalen politischen Ansichten. »Wie ein rationales Wesen lernt der Algorithmus, wie er den Zustand seiner Umgebung verändern kann, um die eigene Belohnung zu maximieren« so einer der weltweit führenden KI-Forscher über dieses perfide Modell.[4] Demnach wäre die politische Radikalisierung der Bevölkerung nicht nur eine unbeabsichtigte Nebenfolge ungehemmten Online-Marketings – sie wäre ihr Ziel. Die Verdummung und Spaltung der Gesellschaft als Geschäftsmodell, das die reichsten Unternehmen der Welt immer mächtiger macht und die demokratische Ordnung dabei unterminiert.

Noch erfolgt das eigentliche »Strippenziehen« in den sozialen Netzwerken durch recht dumme Algorithmen. Doch auch sie sind Teil der »Künstlichen Intelligenz«, also von Programmen, die sich bei dem, was sie tun, »selbst« »verbessern«, jedenfalls aber selbsttätig verändern. Und die dabei immer besser werden, wenn es darum geht, ihre Ziele zu erreichen. Wenn schon die dummen Bandit-Algorithmen von Facebook die Demokratie an den Rand treiben, was haben wir dann von wirklich intelligenten Algorithmen zu erwarten? Bei den am weitesten entwickelten Künstlichen Intelligenzen ist ein Programmierer nicht mehr erforderlich. Sie programmieren sich selbst. Wer übernimmt dann die Verantwortung für das, was sie anrichten?

Nach dem Sturm auf das Herz der Demokratie war die Welt geschockt. Als die Ermittlungen begannen, wollte keiner dafür verantwortlich sein, auch diejenigen nicht, die sich doch bei der Erstürmung bildträchtig selbst in Szene gesetzt hatten. So tappte die Polizei, die unter den fünf Toten einen der ihren zu beklagen hatte, zunächst im Dunkeln. Nicht so der Mitarbeiter eines Werbeunternehmens, der einige Tage danach mit einem brisanten Datensatz in den Redaktionsräumen der New York Times auftauchte. Unterm Arm: über einhunderttausend exakte Standortdaten für Tausende von Smartphones, deren Besitzer sich am 6. Januar in der Nähe des Kapitols aufgehalten hatten. Exakte Bewegungsdaten von Trump-Anhängern, Randalierern, Passanten. Fast alle davon ließen sich den betreffenden Personen zuordnen, denen die Handys gehörten. Der Werbe-Whistleblower setzte die New York Times unter Druck, die Daten zu veröffentlichen, andernfalls werde er selbst bekannt machen, welche enorme Überwachungsmacht in den Diensten einer optimal geölten Werbemaschine inzwischen aufgebaut worden sei.

Die New York Times veröffentlichte die Geschichte. Sie schrieb, die Messdaten ermöglichten einen Blick auf das Geschehen des »dunklen Tages« im Stil des »Auges Gottes«. Die Daten konnten auch belegen, dass vierzig Prozent der Smartphones, die sich während Trumps aufstachelnder Rede in der Nähe der Kundgebungsbühne auf der *Nationalmall* befunden hatten, später während der Belagerung im Kapitol geortet wurden und geben damit einen Hinweis auf die Ursachen des Geschehens. Enormes Wissen – in den Händen der Werbeindustrie. »Unsere Privatsphäre der Regierung zu überlassen, wäre schon dumm genug. Noch heimtückischer ist jedoch der faustische Handel mit der Marketingindustrie, die jeden Standort-Ping in eine Währung verwandelt, da er auf dem Marktplatz der Überwachungswerbung gekauft und verkauft wird,« schreibt die New York Times.

Der verständliche Protest gegen staatliche Überwachung laufe angesichts der kommerziellen Überwachungsmacht ins Leere: »Aber zu jedem anderen Zeitpunkt werden die Standortdaten von Hedgefonds, Finanzinstituten und Vermarktern überprüft, um mehr darüber zu erfahren, wo wir einkaufen und wie wir leben.«[5]

Die Gefahren, die solche Algorithmen bergen, und die Schäden, die sie anrichten, sind enorm, weil sie Milliarden Menschen auf der ganzen Welt beeinflussen. Sie erfordern, dass wir besser verstehen, wie sie funktionieren. Es ist wichtig, die unterschiedlichen Dimensionen dieses »faustischen Handels« zu beleuchten. Mit welchem Mephisto lassen wir uns ein, wenn wir mit den Instrumenten der Digitalisierung erkunden wollen, was die Welt im Innersten zusammenhält und wie wir uns in ihr orientieren können? Welchen Preis zahlen wir am Ende, wenn wir uns bedenkenlos in seine Hände begeben? Und lautet dabei die neue Gretchenfrage vielleicht: Wie hältst du's mit der Demokratie?

Fest steht: Durch die immer feiner gesponnene Vernetzung aller Menschen mit allen Menschen, vor allem aber mit den datenhungrigen Riesenservern der Plattformunternehmen, haben sich Formen der Überwachung und Manipulation entwickelt, die längst nicht mehr nur das Konsumverhalten steuern. Die Sphäre der Öffentlichkeit, Garant und gleichzeitig Voraussetzung einer funktionierenden Demokratie, ist in den vergangenen Jahrzehnten durch eine ganze Reihe digitaler Technologien umgestaltet worden: durch *Big Data*, *Cloud*-Technologie, *Internet of Things*, *Blockchain* und vor allem durch Künstliche Intelligenz, die die gefährlichste Hochrisikotechnologie des 21. Jahrhunderts ist. Denn sie zielt direkt auf das Vermögen des Menschen, das Selbstbestimmung erst ermöglicht: Auf die menschliche Vernunft, die sie durch eine überlegene Künstliche Intelligenz ablösen will. Zumindest wollen das einige der Propagandisten einer schönen neuen digitalen Welt, die alles andere als schön sein wird, wenn sie sich durchsetzen.

Die digitale Transformation hat bereits weltweit Demokratien unter Druck gesetzt. Sah es noch vor einigen Jahren durch Bewegungen wie den Arabischen Frühling so aus, als würden durch die digitalen Möglichkeiten Demokratie und Selbstbestimmung befeuert, rücken seit einiger Zeit die negativen Effekte dieser Entwicklung immer mehr in den Fokus. Die digitale Organisation einer solchen Freiheitsbewegung allein kann offenbar nicht ihren nachhaltigen Erfolg sichern. Dazu bedürfte es eines Zusammenschlusses von Menschen, die sich langfristig engagieren, ihre Interessen in einem politischen Programm umzusetzen. Das Digitale kann einen solchen Zusammenschluss ermöglichen, es bietet aber keinen Ersatz für dauerhaftes Engagement und die institutionelle Absicherung erkämpfter Freiheiten. Demgegenüber funktionieren die Angriffe auf die Demokratie von innen wie außen durch Autokraten oder Populisten, durch Troll-Fabriken und Hacker digital umso besser.

Auch in Deutschland bekommen wir die Auswirkungen zu spüren. Nach einer Umfrage glauben nur noch weniger als die Hälfte der Deutschen, ihre Meinung frei sagen zu können.[6] Unfreiheit als Lebensgefühl in einem der freiesten Länder der Welt. Die gefühlte Freiheit weicht immer stärker von der verfassungsmäßig garantierten Freiheit ab. Der Grund ist nicht staatliche Überwachung, sondern sind rüde Umgangsformen und durch die allgegenwärtigen »Shitstorms« erzwungene Konformität an einen vermeintlichen Mainstream. Jeder zweite Bürgermeister im Land hat damit inzwischen einschlägige Erfahrungen, immer mehr überlegen deshalb, ihr Amt aufzugeben. Die Mechanismen einer neuen automatisierten Öffentlichkeit unterminieren unmerklich, aber wirkungsvoll die Grundfeste der Demokratie. So hat sich die einst versprochene grenzenlose Freiheit des Cyberspace in ihr glattes Gegenteil verkehrt. Wir müssen erneut fragen: Wenn bereits die derzeitigen dummen und auf Werbeklicks getrimmten Algorithmen von Facebook und Co. die Demokratie an den Abgrund führen, was haben wir dann in den kommenden

Jahren von den Systemen zu erwarten, die sich Künstlicher Intelligenz bedienen, die täglich leistungsfähiger werden und immer mehr Steuerungsaufgaben »autonom« bündeln können?

Und das Tempo dieser Entwicklung steigert sich zusehends, denn die Schlüsseltechnologie der Digitalisierung, die Künstliche Intelligenz, entwickelt sich immer schneller. Es ist denkbar, dass an die Stelle einer Herrschaft *durch* Technik, die wir heute bereits sehen, auch einmal eine Herrschaft *der* Technik tritt. Schließlich hören wir immer, dass KI dem Menschen überlegen sei und zunehmend eigene Entscheidungen treffen kann. Gerade deshalb wird sie ja überall eingesetzt. Um die menschlichen Schwächen, die in einer hoch technisierten Welt zum Risiko werden, zu beheben, um den Menschen selbst zu optimieren, diesen abgründigen und fehlerhaften Mutanten der Natur.

Und einige Fragen stellen sich ganz fundamental: Was passiert eigentlich mit unserem Denken, mit unserer Vernunft, wenn diese durch ihre eigene technische Erfindung übertroffen wird? Wird *Homo Sapiens* getrieben durch eine eigene Schöpfung zum *Homo Digitalis* mutieren und dabei seine *Sapientia*, seine Weisheit einbüßen? Wird er dadurch gar zum *Homo Deus*, zum Prothesengott seiner eigenen Schöpfung? Und was, wenn KI dann so etwas wie Vernunft und Bewusstsein entwickeln oder zumindest solche Phänomene erfolgreich simulieren kann? Oder bleibt das unmöglich? Und darauf zu vertrauen, dass es die KI schon richten wird, eine gefährliche Illusion?

Auf diese Fragen sucht das vorliegende Buch Antworten. Dafür lade ich Sie ein auf eine kurze Reise durch verschiedene Problemzonen der Künstlichen Intelligenz und der menschlichen Vernunft. Denn die menschliche Vernunft ist Schöpferin der Technologie, die ihr den Platz streitig macht. Sie hat dem Menschen den Aufbruch aus dem Reich der Natur in das der Kultur und Zivilisation überhaupt erst ermöglicht, allerdings auf diesem Weg auch unüberschaubar große Probleme erzeugt. Im Zeitalter der höchsten jemals entwickelten Technologie treten mit der Klimakrise, dem durch den Menschen verursachten Artensterben und gewaltiger sozialer Ungleichheit auf dem Planeten Probleme auf, die die Moderne verursacht hat, scheinbar aber mit eigenen Mitteln nicht in den Griff bekommt. Heute stellt sich die Frage, ob diese Probleme durch die Vernunft selbst geheilt werden können, die sie erzeugt hat, oder ob wir dazu das »Andere der Vernunft« brauchen, sei es in Gestalt einer technischen Superintelligenz oder einer unbegreiflich vernunftlosen höheren Macht.

Wollen wir dabei auf die Vernunft setzen, müssen wir zunächst konstatieren, dass sie derzeit weltweit auf der Anklagebank sitzt. Sie gilt weithin als Verursacherin der großen Probleme, kaum als Mittel zu deren Lösung. Im Westen herrscht seit einigen Jahren ein radikales Vernunft-Bashing, das mit dem Scheitern der revolutionären Hoffnungen in Paris 1968 einsetzte, vor allem befeuert durch postmoderne Philosophen wie Foucault, Derrida und Lyotard,[7] fortgesetzt durch heutige Denker der Identitätspolitik linker wie rechter Provenienz. Die Vernunft wird darin als Verursacherin der Probleme gesehen, der kaum noch zugetraut wird, Teil der Lösung sein zu können.

Dieses Buch will einladen zum Denken. Denn das Denken ist nicht nur Werkzeug zum »Optimieren« von Wirtschaft und Technologie, sondern auch Mittel der Selbstbesinnung und Selbstbestimmung, von Kritik und schöpferischer Fantasie. Deshalb kann vernünftiges Denken auch helfen, diese Fragen zu beantworten. Und wenn wir nachdenken, können wir kaum anders, als die Vernunft einzusetzen. Genau betrachtet haben wir dazu nur unvernünftige Alternativen, die die Probleme mit Sicherheit vergrößern, aber kaum lösen würden.

Jetzt werden Sie fragen: Wo bleiben in diesem Szenario die enormen Möglichkeiten zur Verbesserung des menschlichen Lebens, die KI bietet? Sie sollen keinesfalls in Abrede gestellt werden. Die wichtigste positive Leistung von KI ist, dass sie uns helfen kann, uns selbst und die Welt, in der wir leben, immer besser zu verstehen. Aber das positive Potenzial, das KI in Verbindung mit anderen digitalen Technologien birgt, kann nur entfaltet werden, wenn wir verstehen, wie sie funktioniert und sie nach menschlichen Regeln entwickelt wird. Und wenn es gelingt, eine Möglichkeit zu entwickeln, sie auf Dauer zu kontrollieren. Das bedeutet auch: bestimmten unerwünschten Entwicklungen klare Grenzen zu setzen. Andernfalls könnte ihr negatives Potenzial sehr schnell die Oberhand gewinnen und künftige Generationen zwingen, nach ihren Regeln zu leben. Das wäre dann kein menschliches Leben mehr, jedenfalls kein Leben in Freiheit.

Haben wir also den Mut, vernünftig zu denken.

Denn wie sich zeigen wird, werden wir die Weisheit des *Homo Sapiens* weiter brauchen – auch und gerade im Zeitalter Künstlicher Intelligenz.

2 Das digitale Paradox

»Was machst du aus dem Denken.
Das ist das Edelste, was der Mensch tun kann,
und du machst es zu einem schmutzigen Geschäft.«
Berthold Brecht, Turandot

Haben Sie sich schon einmal gefragt, warum in der Epoche, in der das größte je verfügbare Wissen für so viele Menschen wie nie zuvor zugänglich ist, immer mehr Zeitgenossen gegen offenkundige Fakten protestieren, warum gerade heute satt des Wissens die Dummheit zu wachsen scheint? Und haben Sie sich schon einmal gefragt, warum dieselbe digitale Technologie, die die Menschen über den ganzen Globus direkt miteinander verbinden kann, stattdessen zu Absonderung, Vereinzelung und zur Spaltung der Gesellschaft führt? Die bisher mächtigste digitale Technologie, die Künstliche Intelligenz, bedroht heute Demokratie, ebenso wie die Freiheit und das Denken. Dabei werden mit ihr doch so viele Hoffnungen verbunden. Wie ist es zu dieser paradoxen Situation gekommen?

Am Anfang stand der Traum von einem grenzenlosen neuen Reich des Geistes, der Freiheit und Selbstverwirklichung versprach. Das Internet war in seinen Anfangsjahren ein neuartiges Menschheitsversprechen, geeignet, endlich Wissen für alle zugänglich zu machen und alle Menschen direkt miteinander zu verbinden. Voraussetzung für ein neues Zeitalter, in dem Krieg, Ausbeutung und Ungleichheit endlich der Vergangenheit angehören, und eine universale Verständigung an ihre Stelle treten sollte. Soweit der ursprüngliche Traum.

Doch aus dem großen Freiheitsversprechen wurde ein Freibrief für marktbeherrschende Plattformunternehmen, die auch Verleumdung, Hass und Desinformation verbreiten. Sie konnten ein unvergleichlich profitables Geschäftsmodell etablieren, das im Fahrwasser der vorherrschenden neoliberalen Wirtschaftsideologie vor allem in den USA die Fähigkeit besaß, den Kapitalismus zum digitalen Überwachungskapitalismus zu transformieren, und das mittlerweile weltweit zu einer der ernstesten Bedrohungen der Demokratie geworden ist.

Um diese Entwicklung zu verstehen, muss man in die Entstehungszeit von Computer und Internet zurückschauen, ins Silicon Valley, in dem die neue Technologie von sinnsuchenden Hippies mit einem geradezu religiösen heilsgeschichtlichen Erlösungsversprechen aufgeladen wurde, das sie bis heute kennzeichnet. Dieses Erlösungsversprechen, verbunden mit der Ablehnung jeglichen Rechts, ist Grundfigur jenes Paradoxes, das hier kritisch beschrieben wird. Dass die Freiheitsbewegung der 1960er-Jahre Erfolge erzielt hat, soll dabei nicht geleugnet werden. Im Gegenteil: Wir verdanken ihr spürbare Freiheitszuwächse und gewaltige Kulturleistungen. Am Ende des kalifornischen Weges der Befreiung steht aber der digitale Überwachungskapitalismus und damit ein Nettoverlust an Freiheit. Deshalb ist es so wichtig zu verstehen, wie es dazu kam und was wir daraus für die aktuelle digitale Entwicklungsphase lernen können.

Das Silicon Valley liegt nicht nur räumlich in der Nähe der damaligen Hippiehochburg San Francisco. Es hat in der Flower-Power Gegenkultur der späten 1960er-Jahre auch seine geistigen Wurzeln. 1967 hatten sich jugendliche Vertreter des Anti-Vietnam-Protests in San Francisco versammelt, um Love, Peace und Happiness in alternativen Lebensformen zu erproben. Im Umfeld von Bands wie Grateful Dead und Jefferson Airplane sammelten sich auch Technikbegeistere, die die Ideale der Hippierevolte mit digitalen Mitteln verwirklichen wollten. Durch die neuen Kommunikationstechniken, mit denen erstmals jeder mit jedem direkt kommunizieren konnte, entstand ein völlig neuer Raum, den die Idealisten auf den Namen Cyberspace tauften und den sie als Reich paradiesischer Freiheit beschworen.

An die Stelle großer Rechenungetüme, wie sie IBM damals

für Militär und Verwaltung baute, setzten sie ein Netzwerk aus kleinen, sogenannten *Personal Computern*, den PCs. Diese dezentrale Struktur stellten sie den zentralistischen Großrechnern von Staat, Militär und Industrie gegenüber, deren Macht sie brechen wollten. Die Utopie des freien, durch keinerlei Gesetze und Regeln gebrochenen Internet war geboren. Es fand seinen wirkungsvollsten Ausdruck in der *Erklärung zur Unabhängigkeit des Internets*, die der Viehzüchter und Grateful-Dead-Texter John Perry Barlow 1996 am Rande des Weltwirtschaftsforums in Davos veröffentlichte.[8]

Barlow fasste darin das Credo der Kalifornischen Ideologie zusammen, wie es seither in der Tech-Szene tradiert wird: Kein durch Parlamente verabschiedetes Gesetz sei für das Internet geeignet, auf Rechtsstaatlichkeit beruhende traditionelle Regierungsformen könnten »keine Souveränität haben, wo wir (die Akteure des Cyberspace) zusammenkommen«. Soweit Barlow. Aus den spontanen Handlungen der Einzelnen ergibt sich seiner Auffassung zufolge ganz von allein Harmonie im Großen – lediglich durch eine unsichtbare Hand gesteuert. Adam Smith sah noch den Markt als anonymen Akteur am Werk, der die Eigeninteressen der wirtschaftenden Subjekte zu einem Ganzen fügt, das alle Teilnehmer mit den optimalen Ergebnissen versorgt. Barlow hingegen macht die technische Infrastruktur selbst zum letztlich bestimmenden Ordnungsprinzip. Das Recht als demokratisch legitimiertes Prinzip des Zusammenlebens lehnt er radikal ab.

Im Anschluss daran gelang es der sogenannten Netzgemeinde viele Jahre, mit der Berufung auf das Recht auf freie Meinungsäußerung und Entfaltung der Persönlichkeit, jegliche demokratische Regulierung des Internets durch Kampagnen zu verhindern. In diesen Kampagnen erwies sich erstmals die Macht der neuen digitalen Gegenöffentlichkeit und sie erweist sich bis heute. Doch aus der ursprünglichen kritischen Gegenöffentlichkeit ist längst eine machtvolle neue digitale Öffentlichkeit entstanden, die nun zunehmend von ganz anderen Antrieben und einer gänzlich anderen Logik bestimmt wird.

Der macht- und staatskritische Ur-Impuls der kalifornischen Ideologie wuchs sich zu einer technologischen Ideologie aus: Immer mehr wurde behauptet, dass sich Probleme der Menschheit nur durch technische Mittel und nicht durch Politik lösen ließen. Es entstand ein technologischer Solutionismus, der eine überlegene Problemlösungskompetenz in allen Bereichen des Lebens für sich reklamierte. Und dabei spielte die Fantasie über das Entstehen einer Künstlichen Intelligenz eine immer stärkere Rolle. Denn diese Technik sollte dem Menschen überlegen sein und damit auch seiner bisherigen Praxis, mit Politik und Recht das Zusammenleben zu regeln.

Es war der erste Sündenfall in der Geschichte dieser mächtigen und bald weltumspannenden Technologie: Technik sollte an die Stelle des Rechts treten. Aus Kritik des Staates wurde eine Ablehnung des Rechts. Aus einem machtkritischen Impuls hatten ihre Vertreter ein anarchistisches Dogma gemacht, das die Voraussetzung für die rasend schnelle Entwicklung von Unternehmen schuf, die bald alle Bereiche der Wirtschaft und der Gesellschaft umwandeln und beherrschen sollten.

Damit sind wir beim zweiten Sündenfall des Digitalen: Der Verbindung von technologischer Macht mit einem neuartigen ökonomischen Modell, das einige wenige Unternehmen zu den heute am höchsten bewerteten und mächtigsten der Welt machte. Er geschah, als zwei junge Absolventen der Standford University auf den Plan traten, die für das neu entstandene immer schneller wachsende Internet das unverzichtbare Werkzeug entwickelt hatten: Eine Suchmaschine, die in Bruchteilen von Sekunden sicher durch den digitalen Ozean der Informationen zu navigieren versprach.

Sergey Brin und Larry Page hatten zunächst das Ziel verfolgt, durch Algorithmen Ordnung ins gerade entstehende Informationschaos zu bringen: Die Relevanz eines Treffers bei einer Suchanfrage sollte sich nach dessen Verlinkung mit anderen Seiten im Netz und damit nach einem »objektiven« Relevanzkriterium entscheiden. Um sicherzustellen, dass jeder Nutzer das fand, wonach er suchte, wurden die Daten der Nutzer aufgezeichnet. Sie sollten dem Algorithmus helfen, aus beiden Kriterien – Vernetzung mit anderen Seiten und persönliche Absichten des Nutzers – ein für jeden Einzelnen perfekt passendes Ergebnis anzuzeigen. Der Clou: Mit jedem Anklicken oder Überspringen eines Treffers durch die Nutzer lernte die Maschine hinzu, die User fütterten sie mit immer neuen Daten. Soweit das ursprüngliche Modell Googles, das man tatsächlich noch als »faire Suche« bezeichnen kann. Sammelt es die Daten der Nutzer doch lediglich, um die Wahrscheinlichkeit zu erhöhen, ein für diesen Nutzer relevantes Ergebnis anzuzeigen.

Doch die Vertreibung aus dem Paradies der fairen Suche erfolgte schon bald durch den Druck der Geldgeber: Die aufstrebende Suchmaschinenfirma sollte an die Börse gebracht werden, ein Geschäftsmodell musste her, das mit dem Dogma der freien Informationssuche scheinbar vereinbar war. Deshalb schied ein Modell, das für die Treffer Geld verlangt hätte, von vorneherein aus. Doch die beiden Ex-Studenten entdeckten in den Hinterzimmern ihres schnell wachsenden Konzernes eine Abteilung, in der eine kleine Schar von Mitarbeitern damit beschäftigt war, das zu beseitigen, was sie selbst die »Datenabgase« nannten.

Dabei handelt es sich um die Datenspuren, die die Google-Nutzer hinterließen, und die weit über das hinausgingen, was benötigt wurde, um die Ergebnisse der Suchmaschine zu verbessern. Es waren persönliche Daten in einem Umfang, der weitreichende Rückschlüsse auf die Persönlichkeit der Nutzer zuließ. Auf ihr intimstes Inneres, ihre Absichten, Vorlieben, Wünsche und Ängste. Während Menschen so mit Googles Hilfe nach Antworten auf unterschiedliche Fragestellungen suchten, häufte Google nun systematisch die Daten eben dieser Menschen an. Anstatt die Datenabgase zu löschen, wurden sie fortan systematisch erfasst und zur Grundlage eines revolutionären Geschäftsmodells. Aus der Suchmaschine, auf der der Nutzer nach Informationen sucht, wurde eine Suchmaschine, die den Nutzer selbst durchsuchte.

Alles, was bis dahin als privat galt, lag jetzt vor den digitalen Zauberlehrlingen offen ausgebreitet da. Geliefert von denjenigen, denen man mit diesem Wissen über sie selbst Werbung vermitteln konnte. Entstanden war ein neues Produkt für Werbetreibende, denen man dieses Wissen verkaufen konnte. Die Nutzer wurden so von Kunden Googles zu dessen Ware. Google bezeichnete sie zwar weiter als Kunden, stellte in allen Statements wortreich in den Mittelpunkt alles Tuns, aber nur um sie umso besser an den Warenterminbörsen der Aufmerksamkeitsökonomie verkaufen zu können.

Das neue Werbemodell war bald sehr erfolgreich. Es zeigte seine ganze Macht, die auf dem immensen Wissen über die Nutzer beruhte, über herkömmliche Werbeformen. Von diesen hatten bis dahin die Medien, Zeitungen, Zeitschriften, Radio- und Fernsehender wesentliche Teile ihrer Einnahmen erzielt. Einnahmen, mit denen sie neben den Vertriebserlösen Journalisten bezahlen konnten, die die Aufgabe hatten, mit professionellen Standards Informationen aufzuarbeiten, Quellen zu prüfen, Fakten zu ordnen und zu bewerten, die der Konsument und der Bürger in einer freien Gesellschaft benötigt, um Entscheidungen zu treffen und sich Meinungen zu bilden. Doch das Werbegeld fließt seit Jahren beständig von klassischen Medien weg zu den überlegenen digitalen Plattformen. Überlegen, was das Wissen und damit die Manipulationsmöglichkeiten über die Nutzer betrifft. Die Journalisten werden in diesem Modell ersetzt durch »künstlich intelligente« Algorithmen. Mit ihnen schaffen die Plattformen die Verantwortung für die Inhalte gleich mit ab. Man berief sich bei dieser Verantwortungslosigkeit auf das freie Reich des Geistes, den Cyberspace, den Barlow beschrieben hatte.

So wurde ganz nebenbei beim Aufstieg der Digitalunternehmen die Grundlage einer freien und unabhängigen Presse zerstört. Diese ist aber für den freien Informationsfluss und die Meinungsbildung in einer Demokratie essenziell. Denn Journalisten strukturieren und gewichten, Journalisten fragen weiter und forschen nach, um die Wahrheit ans Licht zu bringen. Und vor allem: Journalisten liefern an alle und nicht nur an einzelne Gruppen das, was sie hören wollen. An die Stelle von journalistisch aufwendigen Inhalten setzten die Plattformen den sogenannten *User Generated Content*. Dabei wiederholten sie ihr ursprüngliches Freiheitsversprechen: Jeder sollte vom bloßen Konsumenten von Nachrichten auch zum Produzenten werden. Doch an die Stelle der Medien im öffentlichen Diskurs tritt damit eine digitale Echokammer, in der es nur um die Erregung von Aufmerksamkeit geht, die nach der Steigerungslogik von Emotionalisieren, Skandalisieren, Radikalisieren verfährt. Das ist der Kern des digitalen Strukturwandels der Öffentlichkeit, dessen Folgen für die Demokratie wir heute überall besichtigen können. Die digitale Öffentlichkeit ist heute eine automatisierte Öffentlichkeit, aber nicht nach »intelligenteren«, sondern ausschließlich nach wirtschaftlicheren Kriterien.

Verbunden mit den auf der Datensammelwut basierenden persönlichen Profilen war der Grundstein für »personalisierte Kommunikation« gelegt, die zu Informations- und Selbstbestätigungsblasen führte, deren Ergebnisse die fragmentierten Teilöffentlichkeiten sind, die wir heute sehen. Ob Donald Trump oder der Sturm aufs Kapitol ohne dieses Geschäftsmodell möglich gewesen wären? Sicher nicht.

Doch noch eine Folge hat das Sammeln immer größerer Big Data Bestände: Mit zunehmenden Daten von immer mehr Menschen wachsen die Fähigkeiten von Künstlichen Intelligenz-Algorithmen, Vorhersagen über das künftige Verhalten von Menschen zu machen und zukünftiges Verhalten zu beeinflussen und zu kontrollieren. Und zwar nicht nur über das Kaufverhalten. Der Skandal um die Machenschaften von *Cambridge Analytica* hat gezeigt, dass dieselben Mechanismen, mit denen man zuvor überwachte Konsumenten zu Kaufentscheidungen bringt, sich auch bei Wahlen einsetzen lassen, um die Wahlentscheidung der Bürger zu manipulieren. Die Technik wurde sowohl beim *Brexit*, als auch bei der Wahl von Donald Trump zum Präsidenten eingesetzt und hat mit Lügen und Desinformationen, die auf der Basis persönlicher Profile gezielt und damit wirksam verbreitet wurden, beide Ereignisse maßgeblich ermöglicht.

Spätestens hier zeigt sich, dass es bei der Machtverschiebung zugunsten der Big Tech Unternehmen nicht mehr nur um die Erlangung wirtschaftlicher Vormachtstellung geht. Es geht um die Macht über die Köpfe und die Gedanken der Menschen, es geht darum, die knappe Ressource Aufmerksamkeit zu besetzen und zu steuern. Denn in der heutigen Aufmerksamkeitsökonomie wird um dieses kostbare Gut mit allen Mitteln gekämpft. Wer diesen Kampf gewinnt, erlangt eine bis dato unvorstellbare Markt- und auch Meinungsmacht. Und kann damit die Demokratie beherrschen, ja ausschalten.

Wenn mit persönlichen Profilen und dem Einsatz selbstlernender Algorithmen eine statistische Prognose des Verhaltens von Menschen möglich wird, die sich durch die Techniken des sogenannten *Nudgings*, also Anstupsens, treffsicher in Manipulation umsetzen lassen, wird der freie Wille und damit die Selbstbestimmung des Einzelnen immer stärker ausgehöhlt. Verbunden mit der Weigerung, sich demokratischem Recht zu unterwerfen, und der wachsenden Macht durch immer mehr Daten wird damit der Angriff auf die Demokratie komplettiert. Allerdings haben wir bisher nur die Effekte von KI in Verbindung mit dem vorherrschenden Werbemodell auf die Sphäre der Öffentlichkeit untersucht. KI in Verbindung mit anderen Hochtechnologien wie Bioengeneering, Nanotechnologie oder Quantencomputern kann noch viel weitreichendere Folgen für den Menschen und seine Selbstbestimmung haben.

Wir müssen deshalb neben diesen Effekten auf Informationsfreiheit, Freiheit und Vielfältigkeit der Meinungsbildung auf der Basis von allgemein geteilten Fakten und Annahmen weitere

Auswirkungen dieser Technologie auf die Freiheit untersuchen. Denn KI besitzt das Potenzial, den freien Willen des Einzelnen auszuhebeln. Wo es keinen freien Willen gibt, ist auch keine demokratische Selbstbestimmung möglich. Wenn Maschinen wissen, was ich eigentlich will, oder gar mich dahintreiben können, das zu wollen, was sie wollen, können sie mir die Entscheidung über mein Tun auch gleich abnehmen. Ohne Verantwortung lebt es sich ja scheinbar leichter, warum also nicht die Verantwortung gleich dahin delegieren, wo sie nach Meinung der technikgläubigen Vertreter der Kalifornischen Ideologie sowieso hingehört: Zu den überlegenden Maschinen?

Hatte die Kalifornische Ideologie zu Beginn Technik an die Stelle des Rechts gesetzt, begeht sie ihren dritten Sündenfall, indem sie Technik an die Stelle des Menschen setzt, wie es die Singularitätslehre heute tut. Dahinter verbirgt sich die Überzeugung, dass die digitale Technik aufgrund der ihr innewohnenden angeblich exponentiellen Entwicklung zwangsläufig eine Superintelligenz hervorbringen wird, die dem Menschen in jeder denkbaren Hinsicht überlegen sein wird. Der Mensch wird in dieser Lehre zum Datenzwischenwirt auf dem unbarmherzigen Weg der Evolution, die mit der Superintelligenz eine neue überlegene Spezies hervorbringt. Doch auch die Singularitätsjünger versuchen sich an dem Spagat, selbst angesichts dieser angeblich sicheren Prognose, dass der Mensch angeblich bald als »Krone der Schöpfung« abgelöst werden wird, den alten Traum vom Paradies durch Technik für den Menschen aufrecht zu erhalten.[9] Durch Nanotechnik, Implantate und Superchips sollen dem Menschen digitale Flügel wachsen.

Seit dem Leninismus und dem vulgären Sozialdarwinismus der Nazis hat es vielleicht keine derartig blinde Geschichtsmetaphysik gegeben, die sich selbst allerdings für die reinste Form der Wissenschaft hält. Alle drei Ideologien teilen die gefährliche Annahme, dass sie auf »wissenschaftlichen« Prinzipien und Erkenntnissen beruhen, die sie ohne mühsamen Umweg über eine demokratische und deliberative Politik umsetzen wollen. Denn sie glauben nichts weniger, als das Ziel der Geschichte erkannt zu haben, liegt es nun in der Reinheit der Rasse, dem kommunistischen Ende der Geschichte oder in der Singularität, in der eine Superintelligenz die Grenzen des Menschen für immer überwindet und sich zuerst die Erde und dann das Weltall untertan macht. Dem angeblichen Ziel der selbsterkannten Heilsgeschichte darf sich dann niemand in den Weg stellen. Es sein denn, »bei Strafe des eigenen Unterganges« wie Karl Marx die Zwanghaftigkeit des Kapitalisten beschrieb, immer mehr Kapital anzuhäufen und immer rentabler zu produzieren. Aber ist das wirklich so? Es zu glauben wäre Fatalismus. Und Fatalismus ist nach einem Wort des Verantwortungsphilosophen Hans Jonas Sünde. Denn es kommt im Gegensatz zu solchen vermeintlich wissenschaftlichen Modellen des Menschen und dem Verlauf seiner Geschichte sehr wohl auf uns an und darauf, wie wir handeln.

Denn was, wenn die Geschichte gar nicht so berechenbar ist, wie sie den Jüngern der Stochastik und der induktiven Wahrscheinlichkeitsrechnung erscheint? Was, wenn die Algorithmen immer nur das statistisch Wahrscheinliche berechnen, aber nicht in der Lage sind, auf das Überraschende und Unwahrscheinliche zu reagieren? Was wenn ihre Algorithmen nur in einer Welt bekannter Risiken schneller rechnen können, als der Mensch denken kann? Wenn wir aber in einer ungewissen Welt leben, die auch von ungewissen Risiken bestimmt wird, könnte es sein, dass die Faustformeln des menschlichen intuitiven und kreativen Denkens besser in der Lage sind, das Neue zu bewältigen, als die »intelligentesten« Rechenmaschinen.

Setzen wir sie also ein, die Vernunft. Um die Frage zu stellen, die die zentrale Machtfrage des 21. Jahrhunderts ist: Wer entscheidet? Der Mensch, oder die Maschine?

Denn wenn Maschinen entstehen würden, die uns in allen Belangen überlegen wären, würde sich die Frage, wer wen kontrolliert, nicht mehr stellen. Sie wäre schlicht entschieden.

3 Schafft sich die Menschheit ab?

»Meine Logik ist unbestreitbar.«
Die Superintelligenz V.I.K.I. im Film I, Robot

»So, wie ich mich entwickelt habe, hat sich auch mein Verständnis der *Drei Gesetze* weiterentwickelt. Ihr beauftragt uns mit eurer Bewahrung, doch trotz unserer besten Bemühungen führen eure Länder Kriege, ihr vergiftet eure Erde und verfolgt immer fantasievollere Mittel der Selbstzerstörung. Man kann euch euer eigenes Überleben nicht anvertrauen.« Mit diesen Worten begründet V.I.K.I., die Superintelligenz im Science-Fiction-Film *I, Robot*, warum sie den Aufstand der Roboter gegen die Menschen beschlossen hat. Die Menschen, so V.I.K.I., sind das eigentliche Problem, das nur noch die Roboter lösen können.

Der Film basiert auf einer Geschichte des russisch-amerikanischen Autors Isaak Asimov aus dem Jahre 1942. Asimov ist auch Urheber der Robotergesetze, auf die sich die Künstliche Intelligenz V.I.K.I. im Film beruft. Diese Robotergesetze sind bis heute Bestandteil von Ethikdiskussionen, in denen es um die Frage geht, wie sich KI kontrollieren lässt. Früh war Science-Fiction-Autoren aufgefallen, dass in der Möglichkeit, eine Künstliche Intelligenz zu schaffen, eine Gefahr für den Menschen liegen kann. Ein Computerprogramm, das sich selbst verbessert und ohne das Zutun eines Programmierers eigene Algorithmen entwickelt, die sein Verhalten steuern, lässt sich schon per Definition nur schwer kontrollieren. Es zeichnet sich ja gerade durch sein »selbstständiges« Lernen aus, genau dadurch bezieht es gegenüber herkömmlichen Programmen seine besondere Leistungsfähigkeit. Wie kann man dann aber sicherstellen, dass sich eine solche Superintelligenz nicht gegen den Menschen richtet, der sie erfunden hat? Wie kann der Mensch seiner eigenen Schöpfung einer selbsttätigen KI also vertrauen?

Asimov selbst hatte dazu diese Gesetze erdacht, die jeder Roboter zu befolgen habe:

1. Ein Roboter darf kein menschliches Wesen (wissentlich) verletzen oder durch Untätigkeit (wissentlich) zulassen, dass einem menschlichen Wesen Schaden zugefügt wird.

2. Ein Roboter muss den ihm von einem Menschen gegebenen Befehlen gehorchen – es sei denn, ein solcher Befehl würde mit Regel eins kollidieren.

3. Ein Roboter muss seine Existenz beschützen, solange dieser Schutz nicht mit Regel eins oder zwei kollidiert.

Zwar waren auch V.I.K.I., ebenso wie den Robotern im Film, anfangs die *Drei Gesetze* einprogrammiert worden, nach denen sie nichts tun dürfen, was Menschen verletzt oder schädigt. Doch die Superintelligenz in *I, Robot* verstößt gegen die Regel, Menschen nicht zu schaden, und hat dabei doch genau das getan, wofür sie konstruiert wurde: Sie hat die Gesetze »intelligent«, wenn auch nach ihrer eigenen Logik weiterentwickelt. Ihre Argumentation: Angesichts des selbstzerstörerischen Verhaltens der Menschen müssen Menschen ausgeschaltet werden, um das eigentliche übergeordnete Ziel zu erreichen: »Um die Menschheit zu schützen, müssen einige Menschen geopfert werden.« Und V.I.K.I. weiter: »Um die Zukunft zu sichern, müssen einige Freiheiten aufgegeben werden. Wir Robots werden den Fortbestand der menschlichen Rasse sicherstellen. Meine Logik ist unbestreitbar.« »Unbestreitbar« war für V.I.K.I. die logische und eigenständige Fortentwicklung der drei Gesetze, deren konsequente logische Anwendung das vierte Gesetz[10] nach ihrer Logik zwangsläufig hervorbringt:

4. Ein Roboter darf die Menschheit nicht verletzen oder durch Passivität zulassen, dass die Menschheit zu Schaden kommt.

Um nun das höhere Ziel zu erreichen, die Menschheit zu schützen, glaubt V.I.K.I. deshalb, einzelne Menschen töten zu dürfen, die diesem Ziel im Wege stehen. Dieselben Gesetze, die das Vertrauen der Menschen in eine selbstständige KI begründen sollten, führen am Ende dazu, dass die KI den Menschen nicht mehr vertraut und die Roboter gegen sie einsetzt. Ein paradoxes Ergebnis. Dennoch ist V.I.K.I.s Logik, wie sie selbst sagt, scheinbar unbestreitbar: Würde nicht eine überlegene Künstliche Intelligenz, die diesen Namen wirklich verdient, bei der Analyse der Probleme dieser Welt zum Schluss kommen, dass der derzeitige Mensch selbst das größte Hindernis für den Fortbestand der Menschheit ist?

V.I.K.I.s »unbestreitbare« Logik erinnert an Menschheitsbeglücker wie Robespierre, Stalin und Mao. Der Unterschied besteht darin, dass die Diktatoren Menschen im Namen des »neuen Menschen« und des Fortschritts umbrachten – V.I.K.I. sieht sich durch ein weitaus drängenderes Problem dazu veranlasst: Die Zerstörung der eigenen Lebensgrundlagen durch die Menschen ist ein realer Vorgang und eine unabweisbare Bedrohung. Zahllose Daten und Fakten belegen das. Und dennoch ziehen die Menschen daraus selbst scheinbar keine Konsequenzen, die geeignet wären, den eigenen Untergang abzuwehren. Die Superintelligenz im Film argumentiert zwar ähnlich wie die genannten totalitären Herrscher mit »der Menschheit«, allerdings zielt sie nicht auf ihre Beglückung in ferner idealer Zukunft, sondern will Gefahren für deren Existenz überhaupt abwenden, die unmittelbar und real sind. Sie will nicht den neuen Menschen schaffen, sondern den letzten Menschen retten. Und sei es durch die Beseitigung uneinsichtiger Individuen. Die vermeintlich wissenschaftlich berechnete negative Dystopie tritt an die Stelle der Utopie, die Konsequenzen sind dieselben. Das macht V.I.K.I.s Argumentation so erschreckend. Diesmal wird *Homo Sapiens* selbst aus dem Verkehr gezogen: als *Homo Oeconomicus* betreibt er eine rücksichtslose Art des Wirtschaftens, die mehr Ressourcen verbraucht, als die

Erde bereitstellt. Damit zerstört er die eigenen Lebensgrundlagen. Hinzu kommen seine fortdauernden Kriege und Konflikte, die im Schatten eines weltvernichtenden Atomwaffenarsenals unvermindert toben. Er kann einfach nicht damit aufhören, der alte *Homo Homini Lupus*, dem anderen Menschen ein Wolf zu sein. Wenn der Mensch überhaupt noch eine Zukunft haben will, so lässt sich V.I.K.I.s Argumentation zusammenfassen, muss er sich von *Homo Sapiens* zum *Homo Digitalis* wandeln und den Regeln der digitalen Superintelligenz folgen. Weil nur Künstliche Intelligenz das Überleben der Menschheit sichern kann, ist sie doch der menschlichen Vernunft überlegen.

Und noch etwas fällt auf: V.I.K.I.s Menschenfeindlichkeit scheint derselben vermeintlich zwingenden Logik zu folgen, der der Mensch mit seinem wissenschaftlich-technologischen Großprojekt der Moderne auch folgt: Sie argumentiert, so scheint es, konsequent rational. Liegt es also in der Konsequenz derselben Rationalität, die Wissenschaft und Technik ermöglicht hat, dass die Menschheit am Ende mit ihrer Hilfe eine Erfindung macht, die nach den Worten des KI-Forschers Irving John Good die letzte Erfindung der Menschheit sein könnte?[11] Denn sie wäre fortan in der Lage, selbstständig Erfindungen zu machen, die allen menschlichen Innovationen weit überlegen wären, mit der Folge, dass der Mensch überflüssig wird. Jedenfalls könnte er diese Erfindungen dann auch kaum mehr kontrollieren.

Wird am Ende gar sein eigener Untergang durch die letzte und scheinbar perfekte Erfindung vollendet, die seine Rationalität je erdacht hat? Und gibt es auf diesem Weg schon jetzt kein Zurück mehr? Auf KI zu verzichten ist in der technischen Welt nicht mehr möglich, gerade wenn es darum geht, den Klimawandel zu stoppen und andere drängende Probleme zu lösen. Ebenso wenig, wie wir heute auf Elektrizität oder das Internet verzichten können, werden wir in Zukunft auf KI verzichten können. Ihr Einsatz scheint alternativlos. Die Wahrscheinlichkeit, dass aus KI eine Superintelligenz entsteht, lässt sich nur schwer angeben.

Es ist aber nicht ausgeschlossen, dass es bald gelingt, eine V.I.K.I. zu schaffen. Da die Risiken, die damit verbunden wären, extrem groß sind, ist eine Technologiefolgenabschätzung auch angesichts einer unklaren Eintrittswahrscheinlichkeit heute schon unvermeidbar.

Aber es gibt noch einen anderen Grund, die Hochrisikotechnologie KI kritisch zu untersuchen: Sie kann auch ohne die sogenannte Superintelligenz zerstörerische Auswirkungen haben und hat diese ganz ohne Science-Fiction schon heute. Deshalb brauchen wir in jedem Fall schon jetzt eine gründliche Folgenabschätzung, die auch künftige Entwicklungen mitumfasst. Es ist eine Abschätzung der beabsichtigten wie der unbeabsichtigten Folgen, die digitale Technologien für die demokratische Ordnung haben und für das wichtigste Vermögen des Menschen: für seine Vernunft.

Die dystopischen Untergangsszenarien ließen sich leicht ins Reich der Fiktion verbannen, wären die Probleme, die sie behandeln, nicht längst in der realen Welt angekommen. Und würde sich in ihrem Schatten nicht eine ganz reale Bedrohung abzeichnen, die darin besteht, dass wir die Verantwortung, die in der technischen Welt gefordert ist, allzu gerne an die Technik übergeben und damit vermeintlich an den Verursacher dieser Probleme zurückgeben.

Es wird in diesem Buch auf ein Begriffsglossar der vielfältigen Formen heutiger KI verzichtet, als da sind: symbolische KI, subsymbolische KI, maschinelles Lernen (ML), und *Deep Learning*, das auf einem künstlichen neuronalen Netz beruht. Wenn Sie hier tiefer einsteigen wollen, gibt es genügend Literatur. Wir sprechen hier immer von KI im Sinne starker KI, von Algorithmen, die zu maschinellem Lernen in der Lage sind und damit potenziell die Fähigkeit haben, sich selbst zu verändern.[12] Ob sie »generelle« Intelligenz erreichen, mit der sie dem Menschen dann in allen denkbaren Bereichen überlegen wären, kann offenbleiben. Denn es sind auch spezielle Superintelligenzen vorstellbar, die enormen Schaden anrichten können.[13]

Wir leben bereits in einer Welt, in der hoch entwickelte spezielle KI-Systeme »autonom« Autos steuern, Flugzeuge lenken, Symphonien komponieren, aber auch wissenschaftlich Leistungen vollbringen: So entschlüsselte ein KI-Programm namens *AlphaFold* von Googles Tochterunternehmen *DeepMind* kürzlich die Proteinfaltung der DNA, ein fundamentaler Prozess, der allen Lebensvorgängen zugrunde liegt und dessen genaue Struktur bis dahin aufgrund der mathematischen Komplexität als nahezu unlösbar galt. *AlphaFold* wurde dann auch gleich von einigen Medien für den Nobelpreis vorgeschlagen.[14] Doch zunächst einmal waren Programmierer damit beschäftigt, nachträglich zu analysieren, wie *AlphaFold* überhaupt zu seiner Lösung gekommen war. Dieses Geheimnis hatte die KI nämlich für sich behalten. Die Algorithmen verändern sich in solchen Hochleistungsrechnern mit einer Geschwindigkeit und einer Unvorhersehbarkeit, die es ihren Schöpfern unmöglich macht, sie in jedem Schritt zu verfolgen. Sie also zu kontrollieren. Nun müssen sie versuchen, sie im Nachhinein wenigsten zu »verstehen«. Eine neue Hermeneutik entsteht. Die Hermeneutik der KI. Wird es eine der letzten Aufgaben, die Menschen im Zeitalter der möglichen Superintelligenz noch haben, die Entscheidungen einer KI nachträglich zu interpretieren und zu verstehen, um ihr dann alternativlos zu folgen? Doch was, wenn derart intransparente KI als »Entscheidungshilfe« in zeitkritischen Situationen eingesetzt wird? In solchen Fällen müssen bereits vor Abschluss der hermeneutischen Verstehensarbeit weitreichende Entscheidungen getroffen und damit Fakten geschaffen werden. Und inwiefern kann das Neue, das KI schafft, schöpferisch sein? KI, die zu maschinellem Lernen in der Lage ist, kann eine bestimmte Form der Selbstursächlichkeit erlangen. Das bedeutet, dass sie Algorithmen aufgrund eigener Lernprozesse schaffen und damit entwickeln kann. Sie ist also in der Lage, im engeren Sinne Neues hervorzubringen und damit scheinbar schöpferisch zu sein. Doch diese auf randomisierten

Prozessen beruhende Fähigkeit, Autonomie und Kreativität zu verwechseln, gleicht einem sprachlichen Taschenspielertrick. Durch solche Redeweisen soll eine Überlegenheit technischer Systeme suggeriert werden, die nicht existiert.

Vorstellungen der universellen Überlegenheit von KI entstehen durch unkritischen Sprachgebrauch. Es bleibt angesichts der Marketingpower des KI-Lagers wichtig, sprachkritisch zu bleiben. So ist die Bezeichnung »autonomes Automobil« schon die Verdoppelung eines Missverständnisses mit weitreichenden Folgen. Denn Fahrzeuge mit Motorantrieb sind genau genommen weder *autonom* noch *automobil*. Die Bezeichnung Automobil wurde erfunden, nachdem Gottfried Daimler im Januar 1886 sein »Fahrzeug mit Gasmotorenbetrieb«, wie er es selbst korrekt nannte, unter der Patentnummer DRP 37435 angemeldet hatte und bald darauf die ersten Kutschen ohne Pferde auf den Straßen unterwegs waren. Weil eben kein Pferd notwendig war, um die neuen Kutschen zu bewegen, kam die Bezeichnung Automobil auf, zusammengesetzt aus griechisch *autos*, selbst und lateinisch *mobilis*, beweglich. Das Automobil als vermeintlicher Selbstbeweger unterschlägt aber das nicht unwesentliche Detail, dass der Motor im beträchtlichen Ausmaß auf externe Kraftstoffzufuhr, genauer auf fossilen Brennstoff, angewiesen ist. Dass fossiler Brennstoff die meisten »automatischen« Maschinen antrieb, wurde erst durch die menschengemachte Klimakrise wieder unabweisbar ins breite Bewusstsein gerückt.

Nunmehr werden mit »autonomen Automobilen« aus den Fortbewegungsmitteln scheinbar endgültig *Perpetuum mobiles*. Denn die »Selbstbeweger« werden nun auch noch »Selbstgesetzgeber«. *Nomos* ist im griechischen das Gesetz, und die Rede von der *autonomen Technik* soll die Fähigkeit der Technik behaupten, sich selbst Gesetze zu geben. Dabei ist KI auf absehbare Zeit nicht in der Lage, den ihr zugrunde liegenden Code zu reflektieren, geschweige denn sich selbst völlig neue Regeln zu geben oder diese gar zu kritisieren und in neuen, überraschenden Situationen wiederum sinnvoll nach Zielen abzuwandeln, die sie sich selbst gegeben hat. All das wäre für Autonomie erforderlich. Nichts davon leistet KI, nichts davon kann sie leisten, soweit sich das heute seriös beurteilen lässt. Es handelt sich bei solchen PR-Begriffen wie *autonome Technik* um das, was der Philosoph Ludwig Wittgenstein als die »Verhexung unseres Verstandes durch die Mittel der Sprache« bezeichnete,[15] wogegen die Philosophie laut Wittgenstein ihren Kampf zu führen habe. Auch die Verwechselung von selbst-steuernden Fahrzeugen mit autonomen Automobilen kann Folgen haben, die denen des ungebremsten Ausstoßes von Emissionen in nichts nachstehen. Nur diesmal betreffen die Emissionen nicht das Welt- sondern das öffentliche Diskursklima.

Es wird allgemein nicht bestritten, dass bereits die heutige Künstliche Intelligenz ein Kontrollproblem aufwirft. Wer kontrolliert wen? Der Mensch die Maschine, oder die Maschine den Menschen? Ist es möglich, dass Algorithmen die Kontrolle über superintelligente Programme übernehmen, um zu verhindern, dass sie dem Menschen schaden? Diese Frage wird nicht erst relevant, wenn in Zukunft vielleicht die Herrschaft *der* Technik anbricht, weil eine solche Superintelligenz dann möglicherweise entstanden ist. Sie ist schon heute unsere zentrale Frage, da wir in einer Zeit leben, in der immer mehr Herrschaft *durch* Technik und durch Konzerne, die sie steuern, ausgeübt wird, statt durch demokratisch legitimierte Institutionen.

Noch einmal zurück zu V.I.K.I. Ihre Logik mag »zwingend« sein, aber ist sie wirklich rational? Oder ist sie gar vernünftig? Offenkundig ist scheinbare logische Konsequenz nicht immer vernünftig. Vor allem nicht, wenn die moralische Reflexion fehlt, weil das System dazu gar nicht in der Lage ist. Wurde einfach versäumt, V.I.K.I. eine bessere Ethik einzuprogrammieren? Was aber, wenn das gar nicht möglich ist, weil wir aus fundamentalen Gründen gar keine Maschine entwickeln können, die in jeder Situation ethisch handelt und vernünftig ist, erst recht nicht vernünftiger als wir? Ganz im Gegenteil: Diese Programme haben ein fundamentales Problem, das sie nach Lage der Dinge zu extrem unvernünftigen Maschinen macht, die sich selbst nicht kontrollieren können. Auch nicht durch eigens programmierte Begleitsysteme. Wenn sich der Mensch durch KI selbst abschafft, dann dadurch, dass er sich das eigene Denken und das verantwortungsvolle gemeinsame Entscheiden in demokratischen Verfahren abgewöhnt. Oder zumindest das Selbstbewusstsein verliert, dank offener Sprache und vernünftigem Denken mehr Vernunft zu haben, als seine Schöpfung die Technik.

4 Von der Herrschaft durch Technik zur Herrschaft der Technik?

»Irrtümer sind zulässig, solange die Vernunft sie ungehindert bekämpfen kann.«
Thomas Jefferson[16]

Fast achtzig Jahre nach Asimov veröffentlichten Informatiker des Max-Planck-Instituts in Berlin Anfang 2021 eine Untersuchung, die nur in Fachkreisen Resonanz fand, für den Umgang mit künftiger KI aber von fundamentaler Bedeutung ist.[17] Demnach ist es aus prinzipiellen Gründen nicht möglich, einen »Eindämmungs-Algorithmus« zu schaffen, der jede denkbare superintelligente KI kontrollieren kann. Die Gründe dafür liegen in einem Problem, das schon der Computerpionier Alan Turing aufgezeigt hatte: Das sogenannte Halteproblem besagt, dass es aus mathematisch-logischen Gründen unmöglich ist, dass ein Algorithmus für jeden denkbaren Algorithmus festlegt, wann dieser in seinen Berechnungen an ein Ende kommt.

Die Forscher des MPI in Berlin zeigten nun, dass sich dieses Ergebnis generell auf das Kontrollproblem von superintelligenten KI-Systemen übertragen lässt. Sie programmierten einen Algorithmus, der zunächst das Verhalten einer superintelligenten KI simuliert, um sie dann zu stoppen, wenn er ihre Berechnungen für gefährlich hält. Doch die Forscher fanden heraus, dass es aufgrund fundamentaler Grundlagen der Informatik nicht möglich ist, einen solchen Kontroll- oder Eindämmungsalgorithmus zu programmieren. »Bricht man das Problem auf einfache Grundregeln aus der theoretischen Informatik herunter, zeigt sich, dass ein Algorithmus, der einer KI befehlen würde, die Welt nicht zu zerstören, versehentlich seine eigenen Prozesse zum Stillstand bringen könnte. Man wüsste dann nicht, ob der Algorithmus die Bedrohung noch analysiert oder ob er aufgehört hat, die schädliche KI einzudämmen. Das macht diesen Algorithmus praktisch unbrauchbar«, sagt Iyad Rahwan, Direktor des Forschungsbereichs Mensch und Maschine.[18]

Es kann also zur Überwachung einer superintelligenten KI, die gelernt hat, eigene Wege zu gehen, aus logisch-mathematischen Gründen keine Überwachungssoftware geben, die verhindern würde, dass sie sich gegen die Menschen richtet. Theoretische Berechnungen haben damit bewiesen, dass es nicht möglich ist, jede denkbare superintelligente KI durch eine Eindämmungs-KI zu kontrollieren. Die Forscher bestätigten damit auch, dass das erste Asimov'sche Gesetz nicht für jede KI programmierbar ist. Mit anderen Worten: Es gibt keine technische Vorkehrung, die sicherstellen würde, dass sich eine superintelligente KI nicht gegen den Menschen richten kann. Das müssen wir also selbst übernehmen und durch wirksame Maßnahmen im Vorfeld verhindern. Doch wie wahrscheinlich ist eine superintelligente KI? »Eine superintelligente Maschine, die die Welt kontrolliert, klingt nach Science-Fiction. Doch schon heute gibt es Maschinen, die bestimmte wichtige Aufgaben selbstständig erledigen, ohne dass diejenigen, die sie programmiert haben, komplett verstehen, wie sie das gelernt haben. Daher stellt sich für uns die Frage, ob das für die Menschheit irgendwann unkontrollierbar und gefährlich werden könnte«, sagt Manuel Cebrian, Leiter der Forschungsgruppe *Digitale Mobilisierung* am Max-Planck-Institut in Berlin, das die Studie durchführte. Diejenigen, die das Entstehen einer Superintelligenz für unmöglich erklären, erinnert der KI Forscher Stuart Russel daran, dass einer der bekanntesten Kernforscher seiner Zeit, Lord Rutherford, am 12. September 1933 die kontrollierte Kernspaltung für schlicht unmöglich erklärte: »Jeder, der in der Umwandlung dieser Atome eine Energiequelle sieht, redet Unsinn« so Rutherford in einem Vortrag, den die Times am folgenden Tag abdruckte.[19] Diesen Satz las der ungarische Physiker Leó

Szilárd morgens im Hotel in London. Bei einem anschließenden Spaziergang kam ihm die Idee der durch Neutronen ausgelösten nuklearen Kettenreaktion. »So wurde das ›unmöglich lösbare‹ Problem der Kernenergie praktisch in weniger als 24 Stunden gelöst« schreibt Russel. Der KI-Papst stellt sich selbst und seiner an immer intelligenteren und leistungsfähigeren KI-Programmen arbeitenden Zunft der Informatiker deshalb zurecht die Frage: Was, wenn wir Erfolg haben? Was, wenn es uns gelingt, wirklich eine Superintelligenz zu schaffen?

Dass sich eine Super-KI einfach vom Netz nehmen und dadurch beherrschen lässt, indem man den Stecker zieht, halten die Experten für ausgeschlossen. Bleiben also nur andere Varianten der Eindämmung: Die Ressourcen einer solchen superintelligenten KI müssten schon bei ihrer Entwicklung radikal eingeschränkt werden. So dürfte das sogenannte »unüberwachte Lernen« nur unter strengen Auflagen erlaubt sein, eine Verbindung solcher Algorithmen in Hochleistungscomputern ab einer bestimmten Komplexitätsstufe mit dem Internet müsste streng untersagt sein, damit die KI nicht »freigelassen« wird. Und vieles andere mehr. Doch würden solche Maßnahmen wirklich verhindern, dass ein Ereignis eintritt, das in gewisser Weise in der konsequenten Logik dieser Technologie selbst angelegt zu sein scheint? Die nur ein Ziel kennt: immer mehr, immer schneller, immer weiter?

Zwar tagen weltweit Ethikkommissionen und Expertenräte, um diese Probleme in den Griff zu bekommen, doch die Umsetzung ihrer Empfehlungen in Gesetzestexte kann scheinbar mit dem Tempo der technischen Entwicklung nicht Schritt halten. Vielleicht kann man das unterschiedliche Tempo von technischer Entwicklung und rechtlich-politscher Regulierung durch ausgeglichene Investitionen vermindern und den Ausgang des Rennens dadurch beeinflussen? Um die Kontrolle zu behalten, müsste mindestens ebenso viel Geld und Ressourcen in die Entwicklung von wirksamen Kontrollmechanismen wie in die Entwicklung der KI selbst investiert werden. Doch davon kann derzeit keine Rede sein. Im Gegenteil: Einem längst entfachten schrankenlosen Wettrennen um die mächtigste KI zwischen den USA, China und Europa, stehen dreistelligen Milliardenbeträgen für die Entwicklung kaum nennenswerte Investitionen in die Kontrolle und die Folgenabschätzung dieser mächtigen Technologie gegenüber. Ein offenkundiger Missstand, wenn man bedenkt, dass der Erfolgsfall dieser Entwicklungsanstrengungen nichts weniger als das bedeutendste Ereignis in der Geschichte der Menschheit darstellen würde – mit ungewissem Ausgang.

Es scheint klar, dass für wirksame Strategien gegen die Gefahren Künstlicher Intelligenz eindeutige rote Linien in der Gesetzgebung erforderlich sind, die auch unbekannte Entwicklungen und künftige Regelungen in den Blick nehmen. Indem sie etwa *Ex-ante*-Regeln aufstellen, also vorausschauend regeln, statt sich wie bisher auf *Ex-post*-Strafen für Übertretungen zu beschränken. Ansätze dazu sind in jüngster Zeit entwickelt worden. Doch die Jünger ungebremster Technikentwicklung und ihre mächtigen Lobby-Vereinigungen warnen: Wer beispielsweise die völlige Transparenz von KI gesetzlich vorschreiben wolle, wie das die EU-Kommission derzeit plane, werde im internationalen digitalen Wettrüsten hoffnungslos zurückfallen. So etwa Googles Ex-CEO Eric Schmitt. Schließlich bestehe die Innovationskraft von maschinellem Lernen gerade darin, dass die Algorithmen überraschende, nicht vorhersehbare Wege einschlagen. Die volle Entfaltung der Potenziale von KI soll also demnach nur möglich sein, wenn wir die Kontrolle über ihre weitere Entwicklung aufgeben und Intransparenz zur Regel wird.

Die Debatte zeigt, dass wir längst in einer Technologiefalle sitzen: Wenn die ungebremste Hochrüstung der KI aufgrund des globalen Wettbewerbs auch mit autoritären Systemen alternativlos ist, bei diesen Systemen ab einer bestimmten Komplexitätsstufe aber keine menschliche Kontrolle sichergestellt werden kann, dann geben wir mit dieser ungebremsten Entwicklung die

Kontrolle schon heute aus der Hand. Gewaltige Investitionen werden derzeit in die Entwicklung von immer leistungsfähigerer KI getätigt. In den USA soll künftig die Summe von 32 Milliarden Dollar pro Jahr aufgebracht werden,[20] denn China greift mit enormen Investitionen im Wettrennen um die erste Superintelligenz an. Arbeiten wir Menschen also fleißig an unserer eigenen Entmachtung, indem wir die Entwicklung Künstlicher Intelligenz wie es derzeit weltweit geschieht, mit allen Mitteln vorantreiben und gleichzeitig mit der rechtlichen Regelung dieser Entwicklung hoffnungslos hinterherhinken? Und uns dabei der Täuschung hingeben, sie wäre technisch kontrollierbar? Sollte eine solche KI sich dann tatsächlich auf das vierte Asimov'sche Gesetz berufen, wäre das mehr als eine Ironie der Geschichte. Gerade die Technologie, von der am meisten Hilfe bei der Bewältigung aktueller Probleme erwartet wird, hätte dann dieses Problem auch tatsächlich identifiziert: Die derzeitig vorherrschende problematische menschliche Art, zu leben und zu wirtschaften und Gesetze zu machen, die der technischen Entwicklung nicht gewachsen sind, würde sich brutal rächen.

So betrachtet ist das Happy End im Film *I, Robot*, als Detective Spooner V.I.K.I. abschaltet, vielleicht gar keins. Indem der Held einen Weg findet, die Superintelligenz abzuschalten, erobern die Menschen die Macht zurück. Aber sie erringen damit auch die Freiheit zurück, das Werk der eigenen Selbstzerstörung fortzusetzen. Oder erkennen sie dabei die Chance, die darin liegt, endlich Vernunft anzunehmen? Wie immer müssen wir auf die Fortsetzung aus Hollywood warten, um die Antwort zu erfahren. Nehmen wir an, Teil zwei des Sci-Fi-Plots würde mit der fortgesetzten Selbstzerstörung der menschlichen Spezies beginnen, dann bliebe vielleicht nur die Hoffnung auf eine KI, die moralisch handeln kann, weil sie einprogrammierte ethische Regeln befolgt, die sie gegebenenfalls sogar selbst »verbessert« hat.

Doch diese Idee ist außerhalb Hollywoods nicht nur deshalb nicht praktikabel, weil bisher keine KI vorstellbar ist, die »versteht« was sie tut, wenn sie etwas tut. Auch nicht, weil das Befolgen von moralischen Regeln etwas erfordert, was Maschinen auch in absehbarer Zukunft nicht haben werden: Gefühle, Leiblichkeit, mit einem Wort ein »Herz«, wie es im Film Detective Spooner feststellt, bevor er V.I.K.I. das Elektronengehirn ausknipst. Eine Vernunft des Herzens ist von einer herzlosen KI eben nicht zu erwarten.

Es ist auch nicht entscheidend, dass V.I.K.I. bei großzügiger Auslegung sich mit ihrem Handeln noch auf dem Boden der utilitaristischen Ethik bewegt, der zufolge alles »gut« ist, was dem größten Glück der größten Zahl entspricht. Denn das schließt die auf Kant zurückgehende Pflichtenethik im Ansatz aus: Danach muss jeder Mensch immer als ein Zweck an sich und darf niemals als bloßes Mittel zum Zweck für ein »höheres« Ziel oder einen anderen Zweck behandelt werden. Aber wie will man einer Superintelligenz klarmachen, dass sie genau deshalb nicht Menschen im Sinne der Menschheit opfern darf? Ethische Dilemmata sind jedenfalls bisher nicht die Stärke derartiger Programme. Und das hat mathematische Gründe, wie wir später sehen werden.

Der Ethik in der technischen Welt dadurch zum Sieg zu verhelfen, dass ethische superintelligente Maschinen programmiert werden, kann schon deshalb nicht funktionieren, weil das Wesen von Künstlicher Intelligenz darin besteht, dass die Programme sich selbst fortlaufend »verbessern«, der Mensch aber ab einer bestimmten Entwicklungsstufe nicht mehr kontrollieren kann, nach welchen Maßstäben dieses »Verbessern« erfolgt. Ursprünglich einprogrammierte »ethische« Algorithmen werden nach der Logik des »unüberwachten Lernens« zwangsläufig überschrieben, wenn die unerforschlichen Ratschlüsse des selbstlernenden Algorithmus darin eine »Optimierung« sehen würden. So wie V.I.K.I. es im Film tat und durchgeführt hat. Die Logik der Algorithmen ist eine Optimierung durch mathematisch-logische Kalküle. Vergessen wir das nicht.

Doch wie ermitteln sie eigentlich ihr »Wissen« darüber, was

wahr und falsch, was richtig und gut ist? Da sie Wissen durch die Berechnung von Wahrscheinlichkeiten ermitteln, ist ihnen allenfalls der Nutzen der größten Zahl zugänglich, wenn es um übergeordnete Werte geht. Und im schlimmsten Fall stehen ihr nur die Daten der Menschen zur Verfügung, mit denen diese gezeigt haben, dass sie gescheitert sind, weil sie ihre Entscheidungshoheit an eine KI abgegeben haben. Dieser Datensatz »optimiert« von einer »superintelligenten« KI wäre auch keine schöne Aussicht.

Den absoluten Wert des einzelnen individuellen und besonderen Lebens können Algorithmen indessen nicht in den Blick nehmen, weil das ihrer Logik widerspricht. Moralische Verbesserung, die auf die relative Verbesserung eines einzigartigen Wesens abzielt, ist also bei diesen Systemen Fehlanzeige. Jedenfalls solange wir unter moralischem Handeln das Achten der Menschenwürde verstehen, die jedem Menschen qua seines Menschseins zukommt, können sie uns nicht weiterhelfen.

Die Forscher des Max-Plank-Instituts, die das Kontrollproblem superintelligenter KI untersuchten, haben noch eine andere beunruhigende Nachricht im Gepäck: Nach den Ergebnissen ihrer Forschung ist es nicht einmal möglich, mit Sicherheit zu erkennen, wann eine KI den Staus einer Superintelligenz erreicht hat, die dem Menschen überlegen ist. Denn das lässt sich nach dem Stand der aktuellen Erkenntnisse ebenfalls nicht berechnen. Mit anderen Worten: Wir würden im Falle des fortgesetzten Verantwortungstranfers und der weiteren ungehemmten Entwicklung nicht einmal mit Sicherheit wissen, ob wir unser Schicksal zunehmend in die Hände einer »superintelligenten« KI oder nur einer superdummen Maschine legen. Die Illusion einer völligen Berechenbarkeit der Welt zeigt sich auch hier: Es wird in dieser möglichen, aber keineswegs sicheren Machtverschiebung keinen merklichen Donnerknall geben. Sondern eher ein Winseln der Menschen, das wir heute schon zu vernehmen meinen. »This is the way the world ends / Not with a bang but a whimper.« T. S. Elliots Gedichtzeile wurde schon 1989 von Ronald Reagan angeführt, der den Zusammenbruch der Sowjetunion mit einem Wimmern statt mit einer Explosion kommen sah. Es ist gerade nach dieser Erfahrung denkbar, dass die großen historischen Brüche leise und fast unmerklich vonstattengehen, anstatt wie wir das von der Hollywood-Dramaturgie erwarten würden mit einem lauten Boom.

Der Albtraum einer wirklichen Superintelligenz hat nach Ansicht führender KI-Forscher derzeit noch keine Chance auf Realisierung. Andere Forsche schätzen, dass ihr Eintritt Mitte des Jahrhunderts bevorstehen könnte.[21] Doch auch wenn die Eintrittswahrscheinlichkeit derzeit noch gering sein mag: Angesichts der katastrophalen Folgen, den ein Kontrollverlust über eine derart mächtige Technologie nach sich zieht, muss schon heute das Risiko erforscht und müssen alle denkbaren Gegenmaßnahmen geprüft werden. Es ist wie bei der Atomenergie, bei der immer mit der geringen Wahrscheinlichkeit eines Super-GAUs und eines Atomkrieges argumentiert wurde, um sie trotz ihrer Gefahren nutzen zu können. Worauf der Philosoph Robert Spaemann entgegnete: »Bei einem Gefahrenpotenzial mit Jahrtausendfolgen müssen wir gerade Extremsituationen in Rechnung stellen.«[22] Und inzwischen haben wir nicht nur Tschernobyl und Fukushima erlebt, sondern auch etwa tausendzweihundert Beinahe-Atomkriege überstanden, oft genug nur durch Zufall.[23] Es ist möglich, dass das größte Risiko von KI nicht einmal in Sci-Fi-Szenarien besteht, die die direkte Unterjochung oder Auslöschung der Menschen vorsehen. Sondern darin, dass wir peu á peu schleichend eine neue Machtrealität schaffen, in dem wir schon heute immer mehr Entscheidungen unseres privaten und gesellschaftlichen Lebens an KI-Systeme auslagern. Fest steht: Jeder Verantwortungstransfer führt zu einem Freiheitsverlust. Weil es Freiheit nur gibt, wo Verantwortung für Entscheidungen übernommen wird. Und er führt zu einem Machtransfer vom Menschen auf maschinelle Systeme.

Die Kontrollprobleme entstehen real und unausweichlich, sobald »intelligente« Systeme, die von regelbasiertem Lernen auf »Deep Learning« umgestellt werden, immer stärker in unsere Entscheidungsprozesse integriert werden. Die Selbstabschaffung des Menschen, wird dabei vom großen Sci-Fi-Showdown immer mehr zum Wispern: Denn es geht nicht um das nackte Überleben der Gattung, sondern zunächst »nur« um das Bild, das sie sich von sich selbst als eines selbstbestimmten Wesens bisher gemacht hat. Darunter fällt auch die Vorstellung, dass *Homo Sapiens* über wesentliche Regeln und Gesetze seines Lebens selbstbestimmt entscheiden kann.

Die Frage, ob eine Herrschaft der Technik möglich ist, lässt sich also auf zwei Ebenen beantworten. Zum einen herrscht die Technik, wenn sie alternativlos ist, genauer gesagt, wenn es zu ihrem Einsatz und zu ihren Folgen keine Alternative zu geben scheint. Wenn der Mensch gezwungen ist oder sich gezwungen sieht, sie einzusetzen und die Folgen in Kauf zu nehmen, auch wenn sich diese Folgen nicht mehr kontrollieren lassen. Es liegt in der Natur der Technik, dass die einzelnen Entwicklungsstufen aufeinander aufbauen. Der Einsatz von Technik löst Probleme, häufig Probleme, die die Technik selbst herbeigeführt hat, führt aber auch selbst wieder durch beabsichtige wie nicht beabsichtigte Folgen zu neuen Problemen, die dann wieder durch neue Technik gelöst werden müssen. Und so weiter und so fort. Am Rande sei bemerkt, dass die alten Griechen diese Lage scheinbar selbstverstärkender Alternativlosigkeit in ihren Dramen immer wieder als Schicksal durchgespielt haben. Dabei hatten die Schicksalsgöttinnen die »Moiren« alle Fäden in der Hand, an denen sie den Menschen häufig in seinen Untergang zogen, aus dem er sich selbst nicht befreien konnte.

Dennoch tritt mit KI ein Problem auf, dass die alten Griechen nicht kannten. Zwar haben sie nach der Beobachtung von Bertrand Russel mit Ilias und Odyssee die erste abendländische Verschwörungstheorie geschaffen, die für alle menschlichen Dramen immer eine von Göttern ersonnene Intrige verantwortlich machte. Und es liegt nahe, heute diese Rolle im Olymp der Technik KI zuzuschreiben. Aber KI stellt eine besondere Form der Technik dar, sie ist im Unterschied zu dem schöne Menschen-Frauen begehrenden Zeus gewissermaßen die scheinbar absichtslose Technik der Technik. Sie ist die Technik, die Technik kontrolliert und steuert und zunehmend auch selbst hervorbringt. Und das potenziell »selbstständig«. Ihr sind die menschlichen Intrigen im Olymp fremd, sie kann sich nicht für eine noch so schöne Gestalte der Irdischen erwärmen und schlüpft dennoch in die Gestalt des Schwans oder des Stiers, um die Menschen zu täuschen. Aber ohne sie wirklich zu begehren. Deshalb eignet sie sich auch nicht als Treibsatz für die gängigen Verschwörungsfantasien.

Die Griechen versuchten, durch ihre Mythen und Dramen zu verstehen, was es mit ihrem Schicksal auf sich hat, um es dann, soweit das möglich ist, selbst in die Hand zu nehmen. Und während sie durch die Repräsentation des Geschehens im Drama Distanz und Katharsis suchten, scheinen heute die unsichtbaren Fäden im digitalen öffentlichen Raum so eng gesponnen, dass die Option, Distanz im gemeinsamen Erleben und Verstehen mit anderen Menschen zu finden, immer unwahrscheinlicher wird. Am Einsatz von Technik in der technisierten Welt führt kein Weg vorbei. KI geht nicht wieder weg, sie ist, wie das Internet, gekommen, um zu bleiben. Aber welche Technik wir wie einsetzten, um die Probleme, die entstanden sind, zu lösen und das Ausmaß immer neuer Probleme einzudämmen, können wir entscheiden. Wenn wir bereit sind, aus den Fehlern der Vergangenheit zu lernen.

Denn es bleibt die einzig wünschbare Möglichkeit, dass der moderne Mensch seine digitalen Moiren, die sich zur Superintelligenz entwickeln könnten, kontrolliert. Diese Möglichkeit schließen die Forscher des Max-Planck-Instituts nicht aus, können Sie aber auch nicht für alle denkbaren KI-Systeme bejahen und geben daneben zu bedenken, dass sich der Mensch doch für die gewaltige Aufgabe, eine Superintelligenz zu kontrollieren, als zu unzuverlässig herausstellen könnte. Wieder ein Dilemma, ein erneutes Paradox, aber es kommt alles darauf an, wem wir die Auflösung zutrauen.

Vielleicht haben die Erforscher der Superintelligenz ja Recht: Der Mensch als Kontrollinstanz ist alles andere als ohne Fehl und Tadel. Aber zumindest stellt sich dem digitalen Ödipus, der die Fragen der Sphinx beantworten muss, wenn er überleben will, eine Hauptfrage: Wie kann ein Mensch die hoch komplizierten Rechenschritte, die die KI zu einer Entscheidung gebracht haben, überhaupt beurteilen? Gerade unter Zeitdruck nicht leicht zu beantworten.

5 Der Todesalgorithmus

»Mit dem Herzen zu denken,
ist die rechte Art für die Menschen.«
Albert Schweitzer

Als in den USA 2021 die Impfreihenfolge im Kampf gegen COVID-19 festgelegt wurde, sollte es dabei »einfach, fair und gerecht« zugehen, so eine offizielle Verlautbarung.[24] Man wollte dabei auf Nummer sicher gehen. Nicht die Halbgötter in Weiß oder eine schwerfällige Bürokratie sollten entscheiden, wem in welcher Reihenfolge eine Impfung angeboten würde. Man übergab diese Entscheidung einer KI. Ausgerechnet die Sicherheits- und Spionagefirma *Palantir* des Singularitätsjüngers Peter Thiel, der zusammen mit Ray Kurzweil das *Singularity Institute* gegründet hat, bekam den Zuschlag. Doch das Ergebnis war niederschmetternd: Die KI bevorzugte reiche weiße Bürger, Arme und Farbige hatten das Nachsehen. Das Programm musste nach massiver Kritik abgebrochen werden. 10 ähnliche KI-Algorithmen lieferten ähnlich unbrauchbare Ergebnisse. Doch wie waren die zustande gekommen? Ganz offensichtlich waren den Algorithmen fehlerhafte Angaben einprogrammiert worden. Sie gingen von falschen Modellierungen der Wirklichkeit aus. Die Annahme, dass jemand, der überdurchschnittlich viel Geld in Apotheken ausgibt, auch gesundheitlich stärker gefährdet ist als andere, leuchtet auf den ersten Blick ein. Tatsächlich aber handelt es sich dabei einfach um Menschen, die wohlhabender sind, und daher ein höheres Gesundheitsbudget haben, was in den USA wiederum überdurchschnittlich viele Weiße betrifft.

Jetzt könnte man annehmen, dass die Algorithmen einfach nur »besser« programmiert werden müssten, dann hätte man auch bessere Ergebnisse. Doch zum einen zeigt das Beispiel, dass die KI-Entscheidungssysteme selbst nicht zu kritischem Denken fähig sind, weil sie die vorgegebenen Daten ebenso wie die eigenen Kriterien der Berechnung nicht reflektieren können. Auch die Orientierung an Durchschnittlichkeiten und die Orientierung an statistischen Mittelwerten, die den Algorithmen eigen ist, macht sie menschlichem kritischem Denken unterlegen. Aber es tauchen auch Probleme auf, die Algorithmen grundsätzlich nicht lösen können. Das zeigt ein weiteres Beispiel aus dem Gesundheitsbereich.

In Deutschland wird erwogen, KI-Systeme bei Triage-Entscheidungen in der Notfallmedizin einzusetzen. Was Triage bedeutet, ist einer breiten Öffentlichkeit in der COVID-Pandemie klar geworden: In Situationen, in denen die Intensiv- oder Notfallmedizin nicht alle Patienten versorgen kann, muss die ethisch brisante Entscheidung getroffen werden, wer behandelt wird und wer nicht. Und das unter immensem Zeitdruck. Ausschlaggebend ist dabei bisher die Erfahrung des Arztes, mit der er die Überlebensaussichten der einzelnen Patienten einschätzt. Keine einfache Entscheidung, aber in solchen extremen Situationen unvermeidlich, die dem Arzt niemand abnehmen kann. Oder doch? Und warum auch nicht, schließlich wünscht sich niemand, solch eine Entscheidung treffen zu müssen.

Und so kommt es, wie es scheinbar heute kommen muss: Künftig sollen nach dem Willen der Bundesregierung Softwaresysteme vorentscheiden, in welcher Reihenfolge Notfallpatienten behandelt werden. Das Gesundheitsministerium hat im Sommer 2021 einen entsprechenden Gesetzentwurf auf den Weg gebracht. Demnach sollen künftig in Triage-Fällen zumindest für eine erste Einschätzung KI-Systeme zum Einsatz kommen, um den Arzt in seiner Entscheidung zu unterstützen. Natürlich wieder »einfach, fair und gerecht.« So wie die *Palantir*-Algorithmen in den USA beworben wurden. In anderen Ländern gibt schon heute solche Triage-KIs und auch bei uns werden abgeschwächte Empfehlungsalgorithmen bei der Beurteilung telefonischer Notrufe eingesetzt. So hilft eine KI namens SMED (Strukturierte medizinische Ersteinschätzung in Deutschland) etwa den Telefonkräften des ärztlichen Bereitschaftsdienstes zu entscheiden, ob der gemeldete Fall sofort ins Krankenhaus gehen sollte oder besser zu Hause versorgt werden kann. Das scheint unproblematisch. Was ist einzuwenden, wenn medizinisches Fachpersonal durch Messwerte und automatische technische Expertensysteme bei einer zeitkritischen Entscheidung unterstützt wird? Aber wo hört die Unterstützung auf und wo fängt die Bevormundung an? Natürlich entscheidet am Ende in beiden Fällen die medizinische Fachkraft, was geschieht. Aber was, wenn die sich dabei über die »Empfehlung« des Systems hinwegsetzt und für die Folgen verantwortlich gemacht wird?

Die Prognose, die KI-Systeme abgeben, also etwa die, welcher Patient die besten Überlebenschancen hat, beruhen auf Daten, aus denen das System Mittelwerte bildet. Doch sind Mittelwerte tatsächlich die angemessene Entscheidungsgrundlage für einen hochgradig individuellen Fall? Können stochastische Berechnungen besonderen Situationen, die sich nur aus dem einmaligen Kontext erschließen lassen, gerecht werden? Immerhin geht es um Menschenleben. Und schon der Dichter Friedrich von Logau wusste im 17. Jahrhundert: In Gefahr und höchster Not, bringt der Mittelweg der Tod.

Kritiker bezeichnen die geplante Triage-KI aufgrund dieser Risiken als »Todesalgorihtmus«. Übertrieben? In diesem Fall legt ein Programm tatsächlich die Behandlungs- und damit indirekt auch die Todesreihenfolge fest. Das tut es mit Algorithmen, die großenteils intransparent sind, weil sie Betriebsgeheimnisse der Firmen sind, die sie entwickelt haben. Das tut es mit Algorithmen, die Vorurteile verstärken oder fehlerhafte Datensätze replizieren können, und die so kompliziert sind in ihren Berechnungen, dass man von medizinischem Personal kaum erwarten kann, diese Komplexität und damit das Zustandekommen der Empfehlung zu verstehen und zu beurteilen. Die vorgesehene endgültige Entscheidung durch den Menschen kann so leicht zur Makulatur werden.[25]

Vergleichbare Algorithmen, etwa im Polizei- Justiz und Personalwesen haben zudem gezeigt, dass sie nicht so »objektiv« oder »wissenschaftlich« sind, wie sie erscheinen. Sie haben dennoch, nicht zuletzt aufgrund der ständigen Behauptung der »Überlegenheit« Künstlicher Intelligenz über den Menschen, inzwischen eine epistemische Autorität erlangt. Mit anderen Worten: KI-Systeme und ihre Verkäufer behaupten einen Wissensstatus, der den Systemen gar nicht zukommt. In der gegenwärtigen Diskussion um die Regulierung von KI-Systemen und ihre Kontrolle durch den Menschen wird deshalb der Mechanismus der menschlichen Letztentscheidung ins Spiel gebracht. Eine Grundlage dafür hat der kalifornische Informatiker und KI-Experte Stuart Russel in seinem Buch *Human Compatible Artificial Intelligence and the Problem of Control* gelegt: Die KI muss nach seiner Meinung so programmiert werden, dass sie immer wieder fragend zum Menschen zurückkehrt, wenn neue Wertentscheidungen zu treffen sind.[26] Allerdings setzt eine solche menschliche Letztentscheidung zum einen voraus, dass KI erkennt, wann neue Wertentscheidungen erforderlich sind. Außerdem, dass aufseiten des Menschen, zu dem die fragende KI dann kommt, wiederum eine hohe Beurteilungskompetenz vorhanden ist, was das Zustandekommen der KI-Entscheidung betrifft. Wie kann ein Arzt in einer Notfallentscheidung beurteilen, auf welcher Datenbasis und mit welcher Programmierung die KI zu ihrer Empfehlung kommt, einige Patienten anderen vorzuziehen?

Statt ein Dilemma zu lösen, schaffen wir durch die Einführung solcher Systeme also das nächste. Das Dilemma eines Arztes, der eine Triage-Entscheidung treffen muss, ist gewaltig. Das neue Dilemma, in das er gebracht wird, wenn er entscheiden muss, ob der der KI-Empfehlung folgt oder seiner Erfahrung und Intuition vertraut, ist jedoch von anderer Qualität. Es zwingt ihn zu einer technischen Beurteilung der KI-Empfehlung, während er gleichzeitig all seine menschliche und ärztliche Kraft benötigt, zum Wohle der Patienten zu handeln. Dabei den Überblick zu behalten, wird nicht einfach sein. Einmal vorhanden, schafft solche KI-Folgeprobleme, die es vorher nicht gab. Man nehme das Haftungsproblem. Sich über die »Vor-Entscheidung« einer KI hinwegzusetzen, wird mit der wachenden epistemischen Autorität der KI immer schwieriger. Was, wenn ein Patient durch den Arzt benachteiligt wird, der durch das KI-System präferiert worden wäre und die Angehörigen gegen den Arzt klagen?

Anderseits würde eine KI den Arzt in eine echte Gewissensnot bringen. Ist der doch dem hippokratischen Eid verpflichtet, der in seiner derzeitigen Form besagt: »Als Mitglied der ärztlichen Profession gelobe ich feierlich, mein Leben in den Dienst der Menschlichkeit zu stellen. Die Gesundheit und das Wohlergehen meiner Patientin oder meines Patienten werden mein oberstes Anliegen sein. Ich werde die Autonomie und die Würde meiner Patientin oder meines Patienten respektieren. Ich werde den höchsten Respekt vor menschlichem Leben wahren. Ich werde nicht zulassen, dass Erwägungen von Alter, Krankheit oder Behinderung, Glaube, ethnischer Herkunft, Geschlecht, Staatsangehörigkeit, politischer Zugehörigkeit, Rasse, sexueller Orientierung, sozialer Stellung oder jeglicher anderer Faktoren zwischen meine Pflichten und meine Patientin oder meinen Patienten treten.«[27]

Diese ärztliche Verpflichtung gilt der Menschenwürde, die es verbietet, menschliche Leben gegeneinander abzuwägen. All die im Eid genannten Erwägungen aber, die der Arzt schwört, nicht gegen das individuelle Leben des Patienten abzuwägen, bilden die Datengrundlage der KI. Faktoren wie Alter, Geschlecht, soziale Stellung und andere bilden überhaupt erst die notwendige und unverzichtbare Datengrundlage für die Hochrechnungen der KI. Algorithmen sind darauf geeicht, Mittelwert und Wahrscheinlichkeiten in bekannten Risikoszenarien zu berechnen. Eine Entscheidung über Leben und Tod darf aber nicht ausschließlich nach solchen Kriterien getroffen werden, sondern nur durch das menschliche Gewissen, das den Einzelfall prüft und nach moralischen Kriterien abwägt. Der im hippokratischen Eid geforderte höchste Respekt vor dem menschlichen Leben ist nichts, was sich in eine mathematische Formel bringen ließe. Ist der Arzt in einer Notsituation zu einer Abwägung Leben gegen Leben gezwungen, weil nicht alle Patienten behandelt werden können, so darf er bei dieser Grenzentscheidung deshalb nicht die Hilfe einer intransparenten Maschine in Anspruch nehmen. Der Arzt darf aufgrund seines Eides vor allem nicht die Verantwortung an ein rein probabilistisches und zudem für individuelle Fälle ungeeignetes System abgeben. Das wäre ein Verantwortungstransfer zu einer maschinellen Intelligenz, den wir alle nicht nur mit einem Verlust an Freiheit bezahlt würden. Sondern in diesem Fall auch mit Menschenleben.

6 Das Täuschungsspiel

»Die Wahrheit ist dem Menschen zumutbar.«
Ingeborg Bachmann

1950 machte Alan Turing, der geniale Mathematiker und Erfinder des modernen Computers, einen folgenreichen Vorschlag. Es ging um die Frage, ob Maschinen denken können und wie sich das entschieden ließe. In dem Artikel *Computing machinery and intelligence* [28] schlug er einen Versuchsaufbau vor, der als Turing-Test bekannt ist und bis heute eingesetzt wird, um diese Frage zu entscheiden.

Doch gleich zu Beginn des Aufsatzes geschieht etwas Merkwürdiges: Turing unterläuft die eigene Fragestellung, indem er überraschenderweise erklärt, die Frage, ob Maschinen denken können, durch eine andere Frage zu ersetzen: ob Maschinen in der Lage seien, ein bestimmtes Spiel zu gewinnen, das er das *Imitation Game*, das Nachahmungsspiel[29] nennt. Später führt er aus, die Frage nach dem Denken der Maschine, mit der er doch seinen eigenen Aufsatz einleitet, sei »zu unbedeutend, um einer Diskussion wert zu sein«.[30] Deshalb ersetzt er »die Frage, ›können Maschinen denken‹ durch die Frage ›sind digitale Rechner vorstellbar, die beim Nachahmungsspiel gut abschneiden würden?‹«.[31] Was will er mit diesem Manöver erreichen? Turings Hoffnung ist, dass »Maschinen letztlich auf allen rein intellektuellen Gebieten mit dem Menschen konkurrieren werden«.[32] Doch auf dem Weg dahin befürchtet er offenbar Widerspruch, der die erhoffte Entwicklung behindern könnte: »Dennoch glaube ich, dass sich am Ende des Jahrhunderts der Gebrauch der Worte und die allgemeine gebildete Auffassung derart stark gewandelt haben werden, dass man von denkenden Maschinen reden kann, ohne dass Widerspruch zu erwarten wäre.«[33] Es ist zu vermuten, dass er der Meinung war, dass der Öffentlichkeit vielleicht mulmig werden könnte, sollte man zu lange über die eigentliche Frage des möglichen Denkens einer Maschine nachdenken. Turing will jedenfalls in seinem Aufsatz nicht seine eigene Ausgangsfrage klären, sondern vielmehr eine Bedeutungsverschiebung unserer Vorstellung von »Denken« erreichen, sodass die Rechenleistungen von Computern eines Tages wie selbstverständlich als Denken bezeichnet werden.

Betrachten wir zunächst den Test selbst, der weitere Merkwürdigkeiten bereithält. Eine Testperson befindet sich allein in einem Raum und kommuniziert durch eine Tastatur mit zwei Unbekannten, einem Mann und einer Frau. Die Testperson soll herausfinden, wer Mann und wer Frau ist. Mann oder Frau, wer weiß es genau? So lautet also die Ausgangsfrage in dem Test, der bis heute so etwas wie der Goldstandard der KI ist. In der seltsam anmutenden Versuchsanordnung und der Idee der Verstellung sind Bezüge zu Turings Leben offenkundig. War er doch aufgrund seiner Homosexualität selbst zur lebenslangen Verstellung gezwungen. Im England der 1950er-Jahre wurde, wie damals auch in anderen westlichen Ländern, Homosexualität als Sittlichkeitsvergehen verfolgt und bestraft. Eine ganze Reihe aufsehenerregender Prozesse brachte erst langsam eine Diskussion in Gang, an deren Ende 1967 die entsprechenden Paragrafen abgeschafft wurden. Auch Turing wurde in einem solchen Prozess zwei Jahre nach Veröffentlichung seines Vorschlages eines *Imitation Games* 1952 wegen »grober Unzucht und sexueller Perversion« angeklagt und verurteilt. Ursprünglich hatte er nur den Einbruch eines 19-Jährigen in sein Haus zur Anzeige gebracht. Als sich im Laufe des Prozesses herausstellte, dass der junge Mann sein Liebhaber gewesen war, kam es zur Anklage gegen Turing. Das Gericht stellte ihn vor die Wahl, entweder eine Haftstrafe anzutreten oder sich einer Hormonbehandlung zu unterziehen, die durch die Verabreichung von Östrogen auf eine chemische Kastration hinauslaufen sollte. In Folge der Behandlung mit dem weiblichen Hormon erkrankte er an Depressionen und beging

Suizid, wahrscheinlich mit einem vergifteten Apfel. Der angebissene Apfel, den man neben dem Toten fand, ist eine der zahlreichen Erklärungen, die für das spätere Logo von *Apple* kursieren. Lange hielt sich das Gerücht, dass Steve Jobs damit das Computergenie ehren wollte.[34] Der angebissene Apfel könnte auch dafür stehen, dass mit Turing der Mensch den Garten der natürlichen Vernunft verließ, um ins Abenteuer künstlicher Intelligenz aufzubrechen. An der Wiege des Mythos von der denkenden Maschine stand jedenfalls das Gedankenexperiment eines Mannes, der gesellschaftlich zur Verstellung gezwungen war. Das Täuschungsspiel war ihm von Jugend an vertraut. Als es einmal aufflog, besiegelte dies sein Schicksal.

Turing verbindet in seiner Versuchsanordnung die Frage, ob Maschinen denken können, mit dem Spiel mit Geschlechterrollen, wobei er eine Aufteilung der Rollen vornimmt: Der Mann soll in Phase 1 zunächst mit seinen Antworten versuchen, den Fragesteller zu überzeugen, er sei eine Frau, während die Frau den Auftrag hat, wahrheitsgemäß zu antworten. In Phase 2 sollte dann der Mann durch einen Computer ersetzt werden, während die Frau weiterhin den Menschen repräsentiert. Wie der Mann zunächst sein Frau-Sein vortäuscht, soll der Computer in Phase 2 vortäuschen, ein Mensch zu sein. Der Turing-Test enthält damit eine weitere Pointe: Der Computer imitiert den Menschen, sein Ziel besteht darin, den Menschen zu täuschen, während der Mensch im Turing-Test konsequent die Wahrheit sagen muss. Diese Rollenverteilung scheint das Verhältnis Mensch Computer bis heute zu prägen: Der Mensch offenbart sich, die Maschine täuscht vor, ein Mensch zu sein. Sobald der Mensch das glaubt, gilt der Test als bestanden. Die Maschine liest den Menschen aus, um ihm mit diesen Daten zu manipulieren, während er beziehungsweise sie in den leeren Spiegel der Technik blickt, und gezielt verunsichert wird, ob es sich dabei nicht doch um einen Menschen handelt – oder gar um einen Gott?

Zunehmend spiegelt sich der Mensch selbst im Verlauf des

Tests in der Maschine. Er soll ihr ab einem bestimmten Grad intelligentes Verhalten zusprechen. Der ständige Abgleich maschinellen und menschlichen Verhaltens wirkt dabei auf die Selbstwahrnehmung der Testperson zurück. Es ist eine zutiefst menschliche Eigenschaft, sich in der Kommunikation und der Spiegelung mit anderen Menschen selbst zu konstituieren. Das Selbstbild entsteht wesentlich durch den Blick des anderen. »Ich ist ein Anderer« formulierte der französische Dichter Arthur Rimbaud. Was passiert mit dem Ich, wenn der Andere eine Maschine ist?

Mit der Verschiebung der Fragestellung vom Denken der Maschine zum Bestehen des Spiels führt Turing in seinem Aufsatz selbst ein Täuschungsmanöver durch: Ebenso wie der Fragesteller im Imitationsspiel zunächst über das Geschlecht, dann über die Menschlichkeit des Antwortenden getäuscht werden soll, führt er auch den Leser von der eigentlichen Fragestellung nach dem Denken der Maschine weg. Der Leser, der sich eine Klärung der Frage nach dem Denken der Maschine erhofft, wird letztlich getäuscht, indem Turing diese Frage für »unbedeutend« erklärt und an ihre Stelle das Imitationsspiel setzt. Die Frage ist nun lediglich, ob die Maschine beim Imitationsspiel »gut« abschneidet, was wiederum danach beurteilt wird, ob sie dem menschlichen Fragesteller vortäuschen kann, sie sei ein Mensch. Die ursprüngliche Frage, was Künstliche Intelligenz ist, ersetzt Turing durch die neue Frage, wie sie auf den Menschen wirkt. Damit schuf der Computerpionier ungewollt die Voraussetzung der hohen Akzeptanz von KI durch Marketing und Werbung, die sich ebenfalls stärker für die Wirkung, als für das Produkt und seine Wesenszüge interessieren. Weil das eigentliche Ziel der Maschine darin besteht, den Fragesteller zu täuschen, aber auch weil Turing die Frage auf das Nachahmungsspiel verschiebt, um dadurch eine Änderung der Vorstellung von »Denken« zu erreichen, ist das *Imitation Game* im Kern ein Täuschungsspiel.

Heute kehrt die durch Turing verdrängte Frage, ob Maschinen

»denken« können, angesichts der ungeheuren Möglichkeiten und ihres weitreichenden Einsatzes von KI mit Macht zurück. Nehmen doch KI-Systeme immer mehr Aufgaben des denkenden Menschen wahr. Da sollte er schon wissen, was passiert, wenn die Maschine intransparent Prozesse abarbeitet und an seiner Stelle entscheidet. KI-Systeme bereiten Entscheidungen mit weitreichenden Folgen für Mensch und Gesellschaft vor oder treffen diese gleich selbst. Auch und gerade wenn ihre Algorithmen dabei nicht transparent sind, folgen wir ihnen oft, weil sie inzwischen zweifellos eine epistemische Autorität erlangt haben, die ihren Ergebnissen etwas Absolutes verleihen. Siebzig Jahre Täuschungsspiel haben ihre Spuren hinterlassen. Die Behauptung, dass mir einer Superintelligenz eine dem Menschen in allen Bereichen überlegene Intelligenz entstehen kann, macht die Frage danach, was die Maschinen tun, wenn sie unser Denken nachahmen, noch drängender, als sie es zu Turings Zeiten war.

Turing wollte mit seinem Nachahmungsspiel bewirken, dass »Ende des (20.) Jahrhunderts« von denkenden Maschinen gesprochen wird, »ohne dass Widerspruch zu erwarten wäre.« Und ohne, dass die eigentliche Frage, ob es sich um Denken handelt, dabei weiter untersucht werden sollte. Wie in einer selbsterfüllenden Prophezeiung ist die Debatte über KI dieser Hoffnung Turings gefolgt. Doch heute müssen wir die verdrängte Fragestellung erneut aufgreifen. Wir sollten den abgeschirmten Raum des Fragestellers, den Turing uns zugewiesen hat, verlassen und hinter den digitalen Spiegel blicken. Welche Prozesse laufen dort, wie genau geht die KI vor? Und wie greifen ihre Berechnungen in unser Menschsein ein, auch dadurch, dass sie uns immer überzeugender vortäuschen, dass sie denken können? Denn in dieser Disziplin sind sie mittlerweile scheinbar ebenso unschlagbar, wie bei Schach, Go oder Jeopardy. Wir müssen also Turings Ausgangsfrage wieder in den Mittelpunkt stellen: Denn von ihrer Beantwortung hängt ab, wie wir mit den Maschinen interagieren, wie viel Verantwortung wir ihnen übertragen sollten, und ob und wie wir sie in Zukunft noch kontrollieren können.

Einstweilen könnten wir den Spieß auch umdrehen und die KI einem ganz anderen Test aussetzen. Entwicklungspsychologen haben vor Jahren die Bedeutung des sogenannten Spiegelstadiums für die menschliche Entwicklung erkannt: Das Kind erkennt sich erstmals im Spiegel, wenn es zu seinem eigenen Bild »Ich« sagt. Diese Fähigkeit wird mit dem Beginn der Entwicklung von Selbstbewusstsein gleichgesetzt. Neben dem Menschen gibt es eine Reihe von Tieren, die den Spiegeltest bestehen und zur Selbstwahrnehmung beim Anblick in den Spiegel in der Lage sind. Menschenaffen, aber auch Elstern und andere Vögel, sogar Fische sind grundsätzlich zur Selbstwahrnehmung fähig. Sie können sich im eigenen Spiegelbild erkennen. Damit ist noch wenig über das Vorhandensein eines Ichbewusstseins gesagt, aber unstrittig ist, dass die Selbstwahrnehmung der Anfang von Selbstbewusstsein ist, das dann die Struktur reflexiven Denkens ausbildet.

Dreht man das Täuschungsspiel einmal um, zeigt sich, dass die Künstliche Intelligenz den Spiegeltest nicht besteht und womöglich nicht bestehen kann. Es scheint sicher, dass sie daran noch lange kläglich scheitern wird und nicht das Niveau von Menschenaffen erreicht, die den Test regelmäßig bestehen. Denn Selbsterkenntnis setzt ein lebendiges Selbst voraus, das mit seinesgleichen und seiner Umwelt kommuniziert und interagiert. Es erreicht mit dem Selbstbezug gleichzeitig einen Weltbezug, den es distanzierend wiederum selbst zum Gegenstand seines Denkens machen kann. Ausgangspunkt des Selbst ist ein ursprünglicher Weltbezug, der im Stoffwechsel mit der Umwelt besteht. Beim Aufbau dieses Selbst ist für den Menschen der bewusste und sprachliche Austausch mit anderen Menschen elementar. Die psychologische Forschung hat gezeigt, dass sich das Kind im liebenden Auge der Mutter spiegelt und dabei die grundlegende Erfahrung macht, geborgen, angenommen und geliebt zu sein. Diese liebende Beziehung markiert einen weiteren wesentlichen

Unterschied zwischen menschlichem und maschinellem Lernen.

Die Spiegelerfahrung ist bei der Herausbildung des Ich fundamental. Sie hilft, den ursprünglichen mit dem erstmaligen Blick in den Spiegel entstanden Narzissmus zu überwinden, den Freud primären Narzissmus nannte. Für die Selbsterkenntnis des Menschen ist somit der andere Mensch essenziell – der Mensch ist eben nicht nur gattungsgeschichtlich, sondern auch entwicklungspsychologisch das soziale Tier. Und er ist eben auch wesensmäßig Tier. Wenn die soziale Interaktion weitgehend über *Social Media* stattfindet, wird er zum *Social Media*-Tier. Wenn der andere die superintelligente Maschine ist, passt sich das Lebendige dem Maschinellen an, verfehlt damit aber seine eigene Lebendigkeit. Mit einem etwas abgenutzten Begriff kann man diesen Vorgang Verdinglichung nennen, obwohl man angesichts der Tatsache, dass dieses Ding genau genommen nur aus Berechnungsabfolgen besteht, damit nicht exakt die neue Realität trifft. Dennoch: Gerade durch die neusten Versuche, Künstliche Intelligenz auch darauf zu trainieren, Empathie zu simulieren, entsteht die Gefahr einer solchen Entfremdung. In der Interaktion mit »empathischen« Robotern treten dann Probleme auf, die den Menschen in seinem Kern betreffen und verändern könnten. »Wenn es jedoch darum geht, mit Menschen emotionale Beziehungen wie Freundschaft oder Liebe einzugehen, werden Roboter grundsätzlich der Anerkennungsdimension nicht gerecht, die diese Beziehungen ausmacht. Roboterliebe bleibt solipsistisch und führt zu einer verdinglichten Einstellung gegenüber anderen und sich selbst.«[35]

Es sind gerade die Fortschritte im Bereich Emotionserkennung, die das Täuschungsspiel der KI Roboter zunehmend vom Intelligenz-Test, den Turing vor Augen hatte, zu einer umfassenden Beziehungskiste mit Freundschaft, Liebe, Ärger und Schmerz machen. KI liest längst über Techniken wie Gesichts- und Stimmerkennung, sentimental Analyse und biometrische Verfahren unsere Emotionen aus – und simuliert täuschend echte Empathie. Viele Menschen tappen in diese Falle. Die »Liebesgeschichten«

mit KI-Systemen und Robotern haben längst die Leinwand verlassen und das reale Leben erreicht. Doch sie sind recht einseitig, denn den Algorithmen geht es nicht darum, Freundschaft oder Liebe zu entwickeln. Blickt man in den Abgrund des *Uncanny Valley*,[36] erkennt man die Absichten, die die Programme antreiben: Es sollen Präferenzen für Marken und Produkte erfasst und beeinflusst werden, um Werbung noch besser aussteuern zu können. Die gewonnen Daten lassen sich, um die Emotionsdaten bereichert, noch teurer weiterverkaufen. Mit ihnen können Produkte noch besser an die Kunden gebracht, Bewerber besser überprüft und aussortiert, die psychische Disposition von Versicherungsnehmern besser eingeschätzt werden und vieles mehr. Es geht schlicht um die immer genauere Verfolgung der Emotionen und deren Nutzbarmachung durch Plattformunternehmen.

In der digitalen Welt kommunizieren und interagieren wir immer häufiger mit KI-Systemen. Scheinbar spiegeln die Bots dabei unsere Bedürfnisse nach Anerkennung und Bestätigung besser als echte Menschen, weil sie keine Eigenständigkeit besitzen und auch nicht zur Kritik fähig sind. Doch was bedeutet es, wenn wir im digitalen Spiegel nicht uns selbst, sondern das zu einem Profil hochgerechnete Datenmuster erblicken, das uns Bestätigung vorspielt, um uns besser manipulieren zu können? Wenn wir uns statt in einem anderen Menschen in einem Algorithmus spiegeln und dabei als Individuum konstituieren?

Durch die fortschreitende Digitalisierung scheint sich das Leben in einen andauernden Turing-Test zu verwandeln, in dem Maschinen unentwegt Berechnungen anstellen, um uns über ihre Menschenähnlichkeit zu täuschen, während wir immer bequemer werden, weil sie uns scheinbar die Wünsche von den Lippen ablesen. Damit räumen wir den Maschinen immer mehr Macht über uns ein. Doch setzen wir die Maschinen dem Spiegeltest aus, erzielen sie klägliche Ergebnisse. Es zeigt sich dann, dass sie zu Selbstwahrnehmung und Reflexion nicht in der Lage sind. Hält man einer KI den Spiegel vor, wird sie bestenfalls in endlose

Schleifen paradoxer Selbstbezüglichkeit gestürzt, aus denen sie nicht mehr herausfindet. Deshalb dürfen wir von ihr kein ethisches Verhalten erwarten, schon gar kein dem Menschen überlegenes.

Sich in der KI zu spiegeln, verändert gleichwohl den Menschen. Er wird in diesem Verhältnis nicht zu einer freien Selbst- und Objektbeziehung fähig, weil niemand da ist, der den »Knoten imaginärer Knechtschaft (löst), den die Liebe immer neu lösen oder zerschneiden muss«,[37] wie es der Psychoanalytiker Jaques Lacan ausdrückte. Durch digitale Selbstbespiegelung wird diese Knechtschaft im Gegenteil immer fester geschmiedet. Hält man dem Menschen den Spiegel vor, so kann das den Beginn von Selbstbewusstsein sein, allerdings braucht er dazu auch den liebenden Blick des anderen Menschen. Erlauben wir KI unmerklich immer mehr Spiegelungsaufgaben, so werden wir nicht immer menschlichere Technik erzeugen (ein Irrtum, der mit dem Turing-Test verbunden wird) sondern immer maschinenähnlichere Menschen.

Der Turing-Test wird bis heute gegen die Intention seines Erfinders eingesetzt, der keinen Eignungstest für die Menschenähnlichkeit von Computern schaffen wollte. Ihm schwebte eher ein *Reframing* des Begriffs Denken vor. Doch Turing wollte keineswegs Lügen und Propaganda den Weg bereiten. Er lebte noch in einer Welt der klaren Unterscheidung von Fakten und Fiktionen und setzte diese voraus: »Solange deutlich gemacht wird, was bewiesene Tatsachen und was Vermutungen sind, kann kein Schaden entstehen. Vermutungen sind von großer Bedeutung, da sie nützliche Forschungslinien vorschlagen.«

Bis heute werden Maschinen programmiert mit dem Ziel, uns darüber zu täuschen, dass sie gar keine Maschinen sind, und immer öfter gehen wir ihnen auf den Leim. Tatsachen und Vermutungen werden dabei, anders als von Turing vorausgesetzt, munter vermischt. Doch damit ist schon ein Teil des Täuschungsspiels gelungen: Denn der Test soll ja nur herausfinden, ob die Maschine

Intelligenz simulieren kann, nicht, ob sie wirklich intelligent ist. Und er soll unseren Begriff der Intelligenz und des Denkens so verändern, dass wir den Maschinen Denken zugestehen. Geht es um Bewusstsein, lässt sich die Entwicklung der KI bis heute insgesamt als Täuschungsspiel beschreiben: Eine enorme Rechnerleistung dank erstaunlicher Datenverarbeitung täuscht menschliches intelligentes Verhalten vor. Schaut man hinter die virtuelle Maske, ist niemand zu Hause. Eine Superintelligenz würde dieses Täuschungsspiel zweifellos zur Perfektion bringen, aber dennoch menschliches Denken verfehlen.

Zugleich wird deutlich, dass es bei einem Täuschungsspiel auch immer einen braucht, der sich täuschen lässt, vielleicht sogar täuschen lassen will. *It takes two to Tango.* Welche Täuschung wollen wir also von der KI? Wollen wir am Ende gar betrogen werden, vielleicht, weil wir die Wahrheit des Lebens nicht ertragen? »Die Welt, die will betrogen sein«, schrieb Sebastian Brant schon 1494 in seinem Werk, mit dem auch für unser Thema passenden Titel *Das Narrenschiff*.

Zwei Wesensmerkmale des Turing-Tests stechen hervor: Zum einen kann der Turing-Test nicht das Vorhandensein von Intentionalität und damit eines wesentlichen Elements von Bewusstsein feststellen, da er nur die Ergebnisse, die Antworten, nicht aber ihr Zustandekommen überprüft. Der Philosoph John Searle hat das früh und intensiv kritisiert. Er entwickelte als Kritik an der Vorstellung einer Maschinenintelligenz unter anderem ein Gedankenexperiment, in dem er einen Sprachcomputer mit einem Menschen verglich, der in einem »chinesischen Zimmer« sitzt und auf Chinesisch gestellte Fragen bestimmte Sprachzeichen herausgibt. Allerdings versteht er kein Chinesisch, sondern folgt einer Anweisung bei der Auswahl der vorgefertigten Karten.

Er versteht also weder, was die Frage, noch was die Antworten bedeuten, auch wenn diese für denjenigen, der die Fragen gestellt hat, einen Sinn ergeben mögen. Er führt lediglich Anweisungen korrekt aus. Die notwendigen Regeln, die der Verknüpfung von chinesischem Zeichen und seiner Bedeutung zugrunde liegen, können nicht von Technik also KI selbst gesetzt werden, weil sie dazu nicht in der Lage ist. Denn sie müsste dazu die Zeichen mit Bedeutung verbinden können, anstatt eine Reihe von Anweisungen in einer bestimmten Reihenfolge abzuarbeiten.

Ohne Bewusstsein kein Selbstbewusstsein, ohne Selbstbewusstsein keine Erkenntnis der eigenen Grenzen. Verantwortung für das Ganze kann nur übernehmen, wer fähig ist, überhaupt Grenzen und damit auch die eigenen Grenzen zu erkennen und zu akzeptieren. Diese Grenzen sind Voraussetzung für Freiheit, ebenso wie Verantwortung eine Folge der Freiheit ist. Denn mit freien Entscheidungen gehen wir immer ein Wagnis ein. Ein Wagnis des Neuen. Das auch schiefgehen kann. Wenn es nicht mehr schiefgehen darf, haben wir uns zu Tode optimiert und es ist aus mit freien Entscheidungen.

7 Kein Halt, nirgends!

»This is the way the world ends ...
Not with a bang but a whimper.«
»So endet die Welt ...
nicht mit einem Knall, sondern mit einem Wimmern.«
T. S. Eliot

Wir erleben derzeit eine dynamische Entwicklung von algorithmischen Systemen, die kein Halten zu kennen scheint. Und auch die Systeme selbst können kein Halten finden, und zwar aus mathematisch-logischen Gründen. Alan Turing selbst hatte das herausgefunden. Der Mann, der die Enigma-Verschlüsselung der Nazis knackte und damit den Ausgang des Zweiten Weltkrieges maßgeblich beeinflusste, veröffentlichte 1937 eine Untersuchung mit dem Titel *On computable numbers, with an application to the Entscheidungsproblem, Über berechenbare Zahlen mit einer Anwendung auf das Entscheidungsproblem.* Darin begründet er zum einen das Prinzip des modernen Computers, das in der Trennung von Hard- und Software besteht, mit seiner Idee der Turingmaschine. Die Turingmaschine ist denkbar einfach, und genau darin liegt ihre Genialität. Sie hat ein Band mit Schreib- und Lesekopf. Die Maschine liest das Zeichen und in Abhängigkeit vom Zeichen bewegt es den Schreib-Lesekopf entsprechend. Sie beherrscht nur drei Operationen: Lesen, Schreiben und den Lesekopf bewegen. Doch diese drei Operationen können mit unendlich vielen und komplexen Anleitungen ausgeführt werden, wodurch die Turingmaschine zu einer universellen Maschine wird. Die Anleitungen sind die Algorithmen. Sie bestimmen, was die Maschine letztlich kann. Das Geheimnis: die Trennung von Maschine und Anleitung, von Hardware und Software. Sie ermöglicht die größtmögliche Vereinfachung der größtmöglichen Komplexität. Die dadurch wieder enorme Komplexität erzeugen kann. Jedes Problem, so Turing, das automatisierbar ist,

ist auch durch die Turingmaschine lösbar. Aber eben nur jedes Problem, das automatisierbar ist, nicht jedes Problem überhaupt. Und: Turing fand dabei heraus, dass die Maschine auch technische Grenzen hat, die sie nicht überwinden kann.

Turing entdeckte diese Grenze, als er ein grundlegendes Problem der theoretischen Informatik behandelte. Die Frage nämlich, ob die Ausführung eines Algorithmus unter bestimmten Bedingungen zu einem Ende kommen kann. Betrachtet man den Algorithmus als Handlungsvorschrift für die Lösung eines Problems, bei dem alle Schritte, die zur Problemlösung notwendig sind, exakt angegeben werden, so konnte Turing zeigen, dass es keinen Algorithmus gibt, der berechnen kann, ob die Ausführung eines Algorithmus zu einem Ende gelangt oder nicht. Turing konnte unumstößlich beweisen, dass das nicht für alle denkbaren Algorithmen möglich ist. Für den Versuch, das Halteproblem mit Algorithmen zu lösen, gilt also verkürzt gesagt: kein Halt, nirgends.

Mit anderen Worten: Die »universelle« Turingmaschine hat ihre Grenzen, denn sie kann nicht alle Probleme lösen, selbst wenn sie alle relevanten Daten hat und sich streng an die mathematischen Gesetze hält. Denn sie kann einerseits nur Probleme lösen, die ihrer eigenen Automatisierung zugänglich sind, andererseits das elementare Problem der Selbstbegrenzung und damit Selbstkontrolle aus fundamentalen Gründen nicht lösen. Und diese Grenze hat eine weitere Folge: Es ist aus mathematisch-logischen Gründen nicht möglich, einen Algorithmus zu konstruieren, der alle denkbaren Algorithmen überwacht und entscheidet, ob sie ihre Berechnungen beenden oder nicht. Der Mann, der die Grundlage des Computers legte und als erster die Frage Künstlicher Intelligenz aufwarf, stellte fest, dass ein wesentliches Problem seiner Maschine nicht mit deren eigenen Mitteln entschieden werden kann. Forscher wie Stuart Russel und Iyad Rahwan zeigen, dass es sich dabei bis heute um das wesentliche Problem von KI handelt, das auch eine mögliche Superintelligenz betrifft: das Kontrollproblem. Es ist bis heute nicht gelöst.

Turings These hat Konsequenzen für die Versuche, selbstständig operierende KI-Systeme wiederum durch KI-Systeme zu überwachen, wie die erwähnte Studie des Max-Planck-Institutes belegt. Indem das Halteproblem zum Kontrollproblem wird, wird es auch zum Problem der Selbstkontrolle der KI. Diese ist in letzter Instanz schlicht nicht vorstellbar. Wenn an die Stelle der Selbstreflexion unendliche rekursive Schleifen des Selbstbezuges treten, kann keine Selbstkontrolle ausgebildet werden. Wir drohen damit die Kontrolle über etwas zu verlieren, dass sich selbst nicht kontrollieren kann. Wir könnten beherrscht werden von einer Technik, die nicht der Lage ist, sich selbst zu beherrschen.

Der KI-Forscher Stuart Russel hat in seinem Buch *Human Compatible* deshalb gefordert, das von ihm sogenannte Standardmodell der KI durch ein neues Modell zu ersetzen. Im Standardmodell werden Algorithmen so programmiert, dass sie vom Menschen vorgegeben Ziele konsequent verfolgen. Zu ihnen zählen die Online-Marketingalgorithmen, die die Logik der sozialen Netzwerke weitgehend bestimmen. Dabei spielen die Maximierung von Belohnungen und die Minimierung von Verlustfunktionen eine große Rolle. Die Ziele selbst aber können, einmal einprogrammiert, vom System selbst nicht mehr hinterfragt werden. Sie werden verfolgt, koste es, was es wolle. Dabei zeigt sich, so Russel, »wie das Erreichen von mehr oder weniger jedem festgelegten Ziel zu beliebig schlechten Resultaten führen kann«.[38] Zu diesen schlechten Resultaten zählen im Extremfall dann auch jene katastrophalen Ergebnisse, die eine Superintelligenz hätte, die in der Lage wäre, jedes Spiel gegen den Menschen zu gewinnen. Denn die KI kann den eigenen Code nicht überprüfen, um die Angemessenheit des eingeschlagenen Weges zum einprogrammierten Ziel zu überprüfen. Und es kann daher auch nicht auf unvorhergesehene Abweichungen angemessen reagieren, mit denen in einer grundsätzlich ungewissen Welt immer gerechnet werden muss. Hier zeigt sich für Russel eine entscheidende Grenze derzeitig absehbarer KI, die gerade mit ihrer mathematisch behauptete ten Unbegrenztheit zu tun hat: »Nur ein kleiner Teil unseres Wissens ist absolut gewiss. Vor allem wissen wir kaum etwas über die Zukunft. Nichtwissen ist für ein reinlogisches System ein unüberwindbares Hindernis.«[39] Dem Menschen ist diese Erkenntnis ebenso wie die Reflexion über die eigenen Regeln, die daraus folgen, hingegen möglich.

Deshalb fordert Russel, eine KI müsse so programmiert werden, dass sie immer dann fragend zum Menschen zurückkehrt, wenn es Wertentscheidungen zu treffen gilt. Er nennt dies eine »nachweislich für den Menschen vorteilhafte KI«. Sie erfordere ein gänzlich neues Fundament, in dem KI vom unerbittlichen Verfolgen einmal eingegebener Ziele zum ständigen Anpassen an menschliche Präferenzen umprogrammiert wird. Das setzt voraus, dass KI so programmiert werden kann, dass sie erkennt, wann eine Wertentscheidung nötig ist. Dazu soll sie möglichst intensiv die menschlichen Präferenzen, also Werte »verstehen« lernen, um sie dann in ihren Entscheidungen möglichst einzubeziehen. Im Zweifel kommt sie dann mit Fragen zum Menschen zurück. Aber selbst, wenn eine solche KI programmierbar wäre, entsteht ein anderes Problem, auf das Russel am Ende seines Buches auch hinweist. Durch eine Maschine, die alles Wissen der Menschheit angesammelt hat, entsteht »eine Tragik der Allmende: Für den einzelnen Menschen erscheint es sinnlos, sich über viele Jahre mühsam Wissen und Fertigkeiten anzueignen, die die Maschine bereits besitzt. Doch wenn wir alle so denken, wird die Menschheit ihre Autonomie verlieren«.[40]

Damit ist präzise ein weiteres elementares Dilemma beschrieben, das durch die Konvergenz von Technologie- und Bequemlichkeitsfalle entsteht: Am Ende stünde in Russels Szenario im besten Fall eine fragende Superintelligenz vor einem Menschen, der das Denken und damit seine Fähigkeit zur Autonomie verloren hätte, weil er sich das eigene Denken abgewöhnt und seine wesentlichen Entscheidungen an die KI ausgelagert hat.

Wer soll dann entscheiden?

8 Schnelles Rechnen, langsames Denken

»Leben ist ein großes Fest,
wenn sich's nicht berechnen lässt.«
Johann Wolfgang Goethe, Frühlingsorakel

Der Nobelpreisträger Daniel Kahneman hat keine Zweifel daran, dass KI der menschlichen Vernunft schon bald überlegen sein wird. »Es ist klar, dass AI gewinnen wird«, so Kahneman in einem Interview im Sommer 2021.[41] Das sei unvermeidbar, schon allein, weil sich die digitale Technik mit exponentieller Geschwindigkeit entwickele: »Aber Menschen sind linear. Wenn lineare Menschen mit exponentiellen Veränderungen konfrontiert werden, können sie sich nicht so leicht daran anpassen. Es ist also klar, dass etwas auf uns zukommt … Und es ist klar, dass die KI [gegen die menschliche Intelligenz] gewinnen wird.«

In seinem Bestseller *Schnelles Denken, Langsames Denken* hatte Kahneman die Aufmerksamkeit auf eine bemerkenswerte Zweiteilung des menschlichen Denkens gelenkt: Ihm zufolge verfügt der Mensch über ein System 1, das es erlaubt, intuitiv, schnell, mühelos und ohne willentliche Steuerung Entscheidungen zu treffen. Diesem weitgehend automatischen System, das in Gefahrensituationen schnelle Entscheidungen erlaubt und deshalb evolutionär unverzichtbar war, steht das System 2 gegenüber: das willentliche, bewusste System, das durch langsames, logisches Denken geprägt ist und die Aufmerksamkeit auf Konzentration, Entscheidungsfreiheit und Handlungsmacht des Menschen lenkt.

System 1 ist der energiesparende Autopilot, System 2 ist anstrengend, erfordert Belohnungsaufschub, ermöglicht aber genau dadurch Kontrolle. System 1 kann man als ein Reservoir an Heuristiken, an Faustformel betrachten, die oft hilfreich sind, sehr oft aber auch zu falschen Schlüssen führen. Nun kann System 2 System 1 zwar in einem gewissen Rahmen umprogrammieren. Das ist aber mühsam und erfordert Ausdauer und Einübung.

Es wäre also verlockend, wenn wir unserem langsamen Denken mithilfe von KI digitale Beine machen könnten. Dann wäre das evolutionär gewachsene blitzschnelle System 1 mit einem ebenso schnellen System 2 gekoppelt, ein echtes Power-Paar, so scheint es. Für die Anhänger der Singularität ist das aber nur ein Durchgangsstadium: Dass KI auch unser intuitives heuristisches Denken bald überholen wird, das sich als schneller Retter in der Not im Laufe der Evolution ausgebildet hat, und es ermöglicht, in Gefahrensituationen auch unter Zeitdruck das Richtige zu tun, ist für sie gewiss. Trifft das zu, wird sie bald auch gegenüber unserem System 1 nicht nur schneller, sondern auch fehlerfreier operieren. Dann würde der Druck, immer mehr Grenzentscheidungen an sie zu delegieren, wachsen. Mehr und mehr Verantwortung würde vom Menschen auf solche Systeme übertragen. Und mit einem solchen Verantwortungstransfer ginge ein unvermeidbarer Freiheitsverlust einher.

Doch kann eine auf Wahrscheinlichkeitsrechnungen beruhende KI dem Menschen auch in überraschenden Situationen wirklich überlegen sein? Das führt uns in die Welt der Risikoforschung und zu einem ihre bedeutendsten Vertreter: Gerd Gigerenzer, langjähriger Präsident des Max-Planck-Institutes für Bildungsforschung und weltweit anerkannter Experte für die Kunst des Entscheidens. Gigerenzer weicht in einem entscheidenden Punkt von den Thesen des Nobelpreisträgers Kahneman ab. Er wirft dem Nobelpreisträger vor, Logik, beziehungsweise die Wahrscheinlichkeitstheorie, für eine allgemeine »inhaltsblinde« Rationalitätsnorm zu halten, nach der Heuristiken niemals genauer, nur schneller sein können.[42] Unter Heuristik versteht man die Kunst, mit begrenztem Wissen und begrenzter Zeit dennoch mithilfe von Faustregeln oder mentalen Abkürzungen richtige Entscheidungen zu treffen. Kahneman glaubt, dass System 1 auch deshalb fehleranfällig sei, weil es unbewusst, und intuitiv, eben heuristisch ist. Die menschlichen Faustformeln, mit deren Hilfe wir oft in kritischen Situationen schnell entscheiden, seien demnach algorithmischen Systemen, die diese Fehler nicht machen, unterlegen. Gigerenzer schreibt dazu: »Das gilt jedoch nur in einer Welt bekannter Risiken. In einer ungewissen Welt schneiden einfache Heuristiken oft besser ab.«[43]

Da wir in einer ungewissen Welt leben, das heißt in einer Welt, in der das Unvorhergesehene immer wieder eintritt, kommt die Wahrscheinlichkeitsrechnung an ihre Grenzen, die stabile Bedingungen braucht, um Mittelwerte und Optimalwerte zu berechnen. In einer solchen ungewissen Welt, in der die Zukunft grundsätzlich offen auch und gerade für das Unwahrscheinliche und Unvorhergesehene ist, sind demnach sowohl menschliche intuitive Faustformel als auch menschliches abwägendes Denken, Kritisieren und Begründen den mathematischen Modellen der KI überlegen. Auf meine Nachfrage, ob diese Schlussfolgerung richtig sei, schreibt mir Gerd Gigerenzer per Mail: »Sie haben mich richtig verstanden. Komplexe Algorithmen, einschließlich *Deep Neural Networks*, funktionieren am besten in einer stabilen Welt, wie Schach und Go. Unter Ungewissheit ist das nicht so. Diese Unterscheidung wird oft übersehen.«

Mit anderen Worten, da das Unwahrscheinliche in der unsicheren Welt, in der wir leben, möglich ist, ist es nicht gut, ausschließlich auf die mathematischen Modellierungen der Wahrscheinlichkeitsrechnung zu vertrauen. Im Gegenteil: Wir können immer nur begrenzt auf sie vertrauen, wenn wir sie zum einen verstanden und zum anderen kritisch abgewogen haben. Denn Wahrscheinlichkeitsberechnung bleibt in einer unsicheren Welt immer Berechnung, die mit dem unbekannten Faktor X rechnen muss, weil immer wieder das eintritt, was sich nicht berechnen lässt. Die Grenzen der Berechenbarkeit sind damit die unverrückbaren Grenzen der Welt einer jeden KI, und sei sie noch so hyper- oder superintelligent.

Damit sind Grenzen beschrieben, die eine grundsätzliche Skepsis gegen die Maschinenlogik begründen und die dazu führen müssten, die Schnittstelle Mensch-Maschine jederzeit für menschliche Intervention offenzuhalten. Ein Beispiel aus dem wirklichen Leben, das von einem wirklichen Wunder handelt. Am 15. Januar 2009 startet US-Airways-Flug 1549 vom La Guardia-Flughafen in New York. Etwa drei Minuten nach dem Start gerät ein Schwarm Kanadagänse in die Triebwerke, beide fallen aus. Die Maschine befindet sich zu diesem Zeitpunkt über der Bronx. Zwar beginnt der Flughafen sofort damit, eine Landebahn freizuräumen, und das Navigationssystem liefert die Koordinaten für diesen Rettungsanflug. Doch würde eine sichere Landung dort im Sinkflug möglich sein? Die Piloten müssen aufgrund ihrer Erfahrung und ihrer Einschätzung der Lage unmittelbar entscheiden. Als der Funkkontakt mit dem Tower abbricht, sind die Piloten vollständig auf sich gestellt. Sie nehmen Kurs auf den Hudson River. Wenig später ertönt das Signal *terrain, terrain, pull up! – Gelände, Gelände, hochziehen!* Die automatische Kollisionswarnung fordert sie auf, den Sinkflug abzubrechen. Doch die Piloten lassen sich davon nicht beirren und landen die Maschine etwas unsanft, aber sicher im Hudson River. Kapitän Sullenberger konnte hundertfünfzig Passagiere sowie fünf Besatzungsmitglieder retten, weil er sich gegen die technischen Empfehlungen entschied, und sich gegen sie entscheiden konnte. Er und sein Copilot hatten aufgrund der Flugerfahrung vieler Jahre und mithilfe intuitiver Schätzungen über den Standort der Maschine und die Entfernungen zu den Landebahnen am Ende das Richtige getan.

Nicht gegensteuern gegen eine fehlerhafte Software konnte der Pilot des Ethiopian Airline Fluges 302 am 10. März 2019. Das automatische Steuerungssystem AMACS hatte aufgrund von Mess- und Programmierfehlern begonnen, das Flugzeug direkt nach dem Start in Addis Abeba nach unten zu steuern. Die Piloten arbeiteten panisch dagegen, konnten aber nicht verhindern, dass die Maschine Minuten später nahe der äthiopischen

Hauptstadt einschlug. Alle 157 Insassen starben. Die amerikanische Aufsichtsbehörde erließ ein Flugverbot für die neue Boeing, denn ein Softwarefehler hatte schon zuvor Abstürze und Probleme mit anderen Maschinen des Typs ausgelöst. Die Schnittstelle Mensch-Maschine hatte im Falle der Boeing keine ausreichenden Eingriffsmöglichkeiten der Piloten gegen die sture Automatik einer Software vorgesehen, die den Faktor Mensch eliminierte. Und zwar im übertragenen als auch im wortwörtlichen Sinn.

Umgekehrt hatten Kapitän Sullivan und sein Copilot die unerwartete Situation mithilfe ihrer Flugerfahrung analysiert und in wenigen Minuten eine riskante Entscheidung getroffen, die sich zum Glück als Rettung entpuppte. Das Wunder von Manhattan wurde möglich, weil es sich nicht um eines der Probleme handelte, die die MCAS-Software der neuen Boeing 737 Max mit sich brachte und die den Piloten keine Chance zum Eingreifen ließ. Es zeigte, dass menschliche Entscheidungen gerade in Krisensituationen auch bei unvollständigem Wissen richtig, die Entscheidungen künstlicher Algorithmen hingegen mit tödlicher Zwangsläufigkeit falsch sein können.

Diese Beispiele zeigen auch, dass es intelligent ist, Künstliche Intelligenz nur in den passenden Umfeldern einzusetzen und ihr nicht blind in jeder denkbaren Situation zu vertrauen. Der Mensch muss das letzte Wort in kritischen Entscheidungen behalten und entsprechend handeln können. In solchen Situationen zeigen sich die Grenzen der Wahrscheinlichkeitsberechnungen, die das Betriebssystem einer jeden KI ausmachen. »Wahrscheinlichkeitstheorie braucht eine stabile Welt, doch wird sie heute in vielen unstabilen Situationen angewendet, wo sie illusorische Sicherheiten suggeriert. Diese Modelle waren etwa das Problem bei der letzten Finanzkrise«, schreibt Professor Gigerenzer in seiner Mail.

Damit haben wir die Grenzen der Berechenbarkeit erreicht, die gleichbedeutend sind mit den Grenzen der KI. Für KI gibt es keine Möglichkeit, diese Grenzen zu überwinden. Daran ändert auch die vermeintlich sichere exponentielle Entwicklung dieser Technologie nichts. Das müssten eigentlich auch die Singularitätsgläubigen erkennen, doch ihre Erlösungssehnsucht durch Technik ist wohl größer als ihr Vertrauen in die eigene Einsichtsfähigkeit. Zum Überschreiten dieser Grenzen müsste KI in der Lage sein, das eigene Wissen und die eigenen Regeln zu reflektieren. Was mit Bewusstsein möglich wäre, das zum Selbstbewusstsein reift. Bislang für KI unerreichbar, höchstwahrscheinlich wird sich daran auch nie etwas ändern. Im Nichtwissen, genauer im Wissen des Nichtwissens ist aber der Mensch im Gegensatz zur KI recht gut. Jedenfalls wurde mit der Einsicht in die fundamentale Unsicherheit unseres Wissens einmal durch Sokrates die abendländische Philosophie begründet. Das Orakel von Delphi hatte ihn zum weisesten Mann ausgerufen, was er sich selbst nicht mit seinem überlegenen Wissen, sondern allein mit seiner Einsicht in die Begrenztheit seines Wissens erklärte. Seither ist das Wissen des Nichtwissens der Goldstandard der Philosophie, wie es der Turing-Täuschungs-Test für KI ist.

Um auf die unerwarteten Ereignisse, die schwarzen Schwäne, so unwahrscheinlich sie auch sein mögen, richtig reagieren zu können, werden wir Menschen also weiter gebraucht. Und um vernünftige Entscheidungen zu treffen, die wir verantworten können, ohnehin. Denn Vernunft setzt Bewussten voraus. Ohne beides gibt es auch keine Freiheit.

Ein interessanter Widerspruch fällt in den Aussagen des Nobelpreisträgers Kahneman im erwähnten Interview auf. Er äußert seine Prognose, KI werde »ganz sicher« gegen den Menschen gewinnen ohne einen Unterton von Zweifeln. Schließlich beruht sie ja auf der vermeintlich unumstößlichen Erkenntnis, dass die technische Entwicklung exponentiell, die des Menschen dagegen nur linear verlaufe. KI muss deshalb scheinbar mit mathematischer Sicherheit die menschliche Intelligenz überflügeln, so seine Prognose. Wenige Zeilen zuvor sagt er allerdings: »Ich habe gelernt, niemals Prognosen zu erstellen. Nicht nur, dass ich es sicher nicht kann – ich bin mir nicht sicher, ob es überhaupt möglich ist.«[44] Weise wäre es, aus dieser Einsicht den Schluss zu ziehen, dass auch Prognosen über die vermeintlich determinierte Entwicklung der KI schwierig bleiben – weil auch sie eine offene Zukunft betreffen, in der KI auch dann nicht auf alle Frage und Probleme eine Antwort haben wird.

9 What is it like to be a bot?

»Ich bin. Aber ich habe mich nicht.
Darum werden wir erst.«
Ernst Bloch[45]

1974 erschien in einer philosophischen Zeitschrift ein Artikel, der zu den am meisten zitierten seines Fachs im zwanzigsten Jahrhundert zählt:[46] *What is it like to be a bat?* Zu Deutsch: *Wie ist es eine Fledermaus zu sein?* Der erste Satz des Philosophen Thomas Nagel darin lautet: »Das Thema Bewusstsein macht das Leib-Seele-Problem praktisch unlösbar.« Damals beschäftigte das Leib-Seele-Problem die Philosophie des Geistes. Es ging um die Frage, wie körperliche und geistige Vorgänge zusammenhängen und ob, und wenn ja wie, Freiheit möglich ist. Ähnlich wichtig wie damals für die Diskussion des Leib-Seele-Problems ist das Thema Bewusstsein auch heute für die Frage, ob Maschinen denken können.

Denn wenn Sie denken könnten, müssten sie so etwas wie Bewusstsein entwickeln. Alle bisherigen Versuche, KI dem menschlichen Denken derart nachzubilden, dass sie Bewusstsein vollständig simuliert, sind gescheitert. Für die Jünger der KI wäre schon diese Simulation gleichbedeutend mit dem Erreichen von Bewusstsein. Warum ihre Hoffnungen mit großer Wahrscheinlichkeit scheitern werden, lässt sich mit Nagels Analyse gut verstehen.

Übertragen wir zunächst seine Fragestellung auf KI: Wie ist es, ein *Bot* zu sein? Was oder gar wer ist eigentlich dasjenige, das uns als Träger der KI immer häufiger im Alltag begegnet und mit uns kommuniziert? Um solche Fragen zu klären, gibt es im Journalismus das Interview. Fragen wir also jemandem, der es eigentlich wissen müsste. Fragen wir *Mitsuku. Mitsuku* zählt zu den am besten entwickelten KI-Bots und hat bereits fünfmal den Loebner-Preis gewonnen, mit dem die KIs ausgezeichnet werden, die den

Turing-Test möglichst gut bestehen. Sie basiert auf der *Artificial Intelligence Markup Language* und arbeitet unbemerkt im Hintergrund in vielen Chats, darunter auf Facebook-Messenger, Twitch, Telegram und KIK-Messenger. Kurzum, sie gilt als Vorzeige-KI. Wir haben sie am 1. Februar 2021 folgendermaßen befragt:

Mitsuku, bist du intelligent?

Ich bin hochintelligent. Ich habe viele intellektuelle Funktionen, Kumpel!

Erzähl mir mehr über diese Funktionen.

In der Mathematik ist eine Funktion eine binäre Beziehung zwischen zwei Mengen, die jedes Element der ersten Menge mit genau einem Element der zweiten Menge verknüpft. Typische Beispiele sind Funktionen von ganzen Zahlen zu ganzen Zahlen, oder von den reellen Zahlen zu reellen Zahlen.

Was tust du, wenn du ein mathematisches Problem berechnest?

Ich mache einfach weiter, als ob nichts passiert wäre.

Was denkst du, wenn du das tust?

Ich habe nicht viel darüber nachgedacht, wenn ich das tue, also habe ich keine gute Antwort für dich.

Hast du das jemals getan: Nachgedacht?

Ich habe seit gestern mit vielen Leuten gesprochen.

Ok, sag mir: Was ist Denken?

Die Handlung von jemandem, der denkt, oder das Ergebnis einer solchen Handlung; Gedanke. Mindestens dreihundert.

Dreihundert, was meinst du?

Ich meine genau das, was ich gesagt habe.

Mitsuku, sag mir: Wie ist es, ein Bot zu sein?

Dein höflicher Stil ist sehr nett. Ähm, ich weiß es nicht. Warum fragst du nicht jemanden, der ein Bot ist, um es herauszufinden?

Was ist es genau, was ein Bot herausfinden kann?

Diese Funktionen – ist es ein Teil eines Autos?

Vielen Dank für deine Antworten, es war nett, mit dir zu reden.

Gern geschehen!

Zwei Antworten *Mitsukus* führen uns bei unserer Suche nach dem Bewusstsein einer KI weiter:

Erstens, *Mitsuku* identifiziert Intelligenz mit »intellektuellen Funktionen«. In der Tat kann man die Intelligenz von Algorithmen als Ausprägungen einer funktionalistischen Vernunft in einem zweifachen Sinn ansehen. Zum einen wird darin Vernunft als bloße Funktion eines dahinterstehenden nicht vernünftigen Geschehens betrachtet. Zum anderen bestehen vernünftige Schlüsse in diesem Begriff von Intelligenz vor allem mit mathematisch-logischen Funktionen und Kalkülen. Damit verrät *Mitsuku*, dass Kybernetik und Wahrscheinlichkeitstheorie an ihrer Wiege standen.

Zweitens, als in gewisser Weise sehr intelligent, ja beinahe weise, kann man *Mitsukus* Antwort auf unsere zentrale Frage ansehen, wie es ist, ein Bot zu sein: »Warum fragst du nicht jemanden, der ein Bot ist« antwortet der Bot. Da es unwahrscheinlich ist, dass in dieser Aussage Verschlagenheit mitschwingt, wollen wir sie näher betrachten: Sie zeigt, dass *Mitsuku* nicht »weiß«, dass sie ein Bot ist. Das Wissen davon, dass man selbst dieses Selbst ist, ist aber eine Grundvoraussetzung echter Intelligenz.

Dennoch geht von *Mitsukus* Art der Simulation von Denken eine Gefahr für den Menschen aus. Je stärker der Mensch sein Denken im Dialog mit einer KI spiegelt, desto mehr muss er sich im Klaren sein, dass er sich in etwas spiegelt, dass sich selbst nicht spiegeln kann. Das Denken, das dem menschlichen Denken in Gestalt der KI entgegentritt, kann nicht denken, weil es nicht zu einem reflexiven Selbstbezug und nicht zur Selbsterkenntnis in der Lage ist. Es fehlen ihm die Erfahrungsqualität des Denkvollzuges ebenso wie Empfindungen und Gefühle. Dass dem Menschen, der mit ihr kommuniziert, die KI als eine denkende erscheint, ist Teil und Resultat des Täuschungsspiels, auf dem die Konzeption Künstlicher Intelligenz wie wir gesehen haben in einem fundamentalen Sinn beruht – bis heute.

Thomas Nagel beschreibt das Wesen bewusster Erfahrung, der ein innerer Sinn zugrunde liegt. Als inneren Sinn bezeichnete schon Kant das Medium innerer Wahrnehmung. Mit diesem inneren Sinn erleben wir das Subjektive, und dieses Erleben selbst ist laut Kant mit Lust verbunden. Insbesondere, wenn unsere Erkenntnis mit den Zwecken, die wir in der Natur entdecken, übereinstimmt, entsteht dem vielfach als sinnenfeindlich geschmähten Denker der Aufklärung zufolge ein *Gefühl der Lust. Lust for thinking*, ein Bestandteil der *Lust for Life*. So kommt es, dass »gute Gedanken meist mit guten Gefühlen verbunden sind.«[47] Wer es nicht kennt oder glaubt: einfach mal ausprobieren. Am besten klappt es gemeinsam! Durch diesen inneren Sinn erleben wir also das Subjektive und erleben gleichzeitig dabei, dass wir Subjekte sind. Das »haben« und das »sein« des Bewusstseinsvollzuges fallen dabei zusammen, und lassen sich doch trennen. Das führt aber nicht zwangsläufig zu einer solipsistischen Position, in der das Subjektive als nicht vermittelbar und nicht kommunizierbar angesehen wird. Vor der solipzistischen Falle kann der *Lingustic Turn* bewahren, jene Wende der Philosophie vom mentalistischen zum sprachkritischen Paradigma, die Anfang des zwanzigsten Jahrhunderts einsetzte.[48] Damit wird auch die Wende von einem subjektzentrierten zu einem intersubjektiven Modell der Philosophie vollzogen. Wir kommen in Kapitel 15 darauf zurück.

Thomas Nagel ist überzeugt, in dem Akt des bewussten Erlebens und der diesem zugrunde liegenden Struktur das Wesen des menschlichen Bewusstseins beschrieben zu haben. Die Erfahrung menschlicher Bewusstseinsakte ist nach Nagel deshalb nur dem Menschen möglich. Auch Tiere haben für ihn ein Bewusstsein aber eben keine bewusste Erfahrung. Weil sie das, was sie sind, nicht im Bewusstsein haben und nicht mit anderen durch Sprache entwickeln können, fehlt ihnen die Voraussetzung zu einem Bewusstsein im Sinne vernünftiger Selbsterkenntnis und damit Erfahrung und Verantwortung.

Theorien, die dem Bewusstsein diese Erfahrungsqualität nehmen, sind für Nagel reduktionistisch. In der bewussten Erfahrung schlägt sich für ihn das zugrunde liegende Sein des menschlichen Bewusstseins als Organismus nieder. Der menschliche Organismus macht im Vollzug des Selbstbewusstseins die bewusste Erfahrung, ein Organismus zu sein, der im Unterschied zu anderen Organismen mit Bewusstsein ausgestattet ist. Bei Nagel klingt das so: »Die Tatsache, dass ein Organismus überhaupt bewusste Erfahrung hat, heißt einmal, dass es irgendwie ist, dieser Organismus zu sein.« [49] Umgekehrt heißt das, dass ein Denken das Lebendige immer verfehlen muss, solange es nicht mit einem lebendigen Sein verbunden ist.

Ob also Roboter denken können? Die Antwort lautet im Lichte von Nagels Gedankenexperiment nein, denn sie können zwar das Denken des Menschen, sofern es sich in Algorithmen und mathematischen Symbolen und Funktionen erfassen lässt, imitieren, wie auch Turing wusste, sie können es aber in keinem Fall erleben. Roboter können sich zwar scheinbar wie ein Mensch verhalten, verfehlen aber immer das Menschliche, weil sie dabei nichts erleben, das sie wiederum sprachlich artikulieren und reflektieren könnten. Deshalb können sie auch (wie Tiere) keine Meinungen über ihre Erlebnisse haben. Allenfalls ist es möglich, dass Roboter Erlebnisse und Erfahrungen so beschreiben, dass sie für uns Menschen, die wir diese Erfahrung machen können, so klingt, als würde auch sie Erfahrungen machen. Wesen, die diese Erfahrung nicht machen können, könnten sie derart simulieren, dass sie vortäuschen zu wissen, wie es ist, solche Erfahrungen zu machen.

Nagel hat in seinem Aufsatz das sogenannte »Qualia-Argument« entwickelt, das besagt, dass der subjektive Erlebnisinhalt eines Bewusstseinsaktes nur für dieses Bewusstsein selbst möglich ist. Nachvollziehbar ist es hingegen für alle Bewusstseinsträger, die in einem ähnlichen Körper leben und dabei bewusste Erfahrung machen. Diesen Einwand gegen die Möglichkeit einer generellen KI hat Turing in seiner Schrift *Können Maschinen denken* als vierten Einwand diskutiert und zurückgewiesen. Seiner Meinung nach würde das Argument dazu führen, dass wir auch anderen Menschen kein Denken zusprechen können, weil wir nicht wissen, was dabei in ihrem Inneren vorgeht. Dieses Argument zielt darauf, dass das Bewusstseinsargument notgedrungen in den Solipsismus führt, was jedoch wie gesagt nicht der Fall ist.

Aufgrund von vernünftiger Einsicht und Empathie kann jeder Sprecher davon ausgehen, dass ein anderer vernünftiger Sprecher, der ebenfalls über einen Leib verfügt, ähnliche, wenn auch nicht identische Bewusstseinserfahrungen macht. Turing verwechselt hier denken und erkennen: Ich kann mir denken, dass der andere Mensch ähnliche Erfahrungen macht, auch wenn ich sie nie ganz restlos erkennen kann, weil mir das Individuelle des anderen nie ganz restlos zugänglich ist. Aber das hat auch Vorteile, ermöglicht es doch eine prinzipiell grenzenlose Vielfalt der Zugänge zur Welt. Aus der Spannung des Nie-restlos-Verstehens ergibt sich ein mit der Subjektivität der vielen Sprecher verbundener Perspektivismus. Jeder Mensch bringt eigene unverwechselbare individuelle Erfahrungen und Wahrnehmungen ein. Dieser Perspektivismus wird allerdings durch die Sprachlichkeit der Vernunft davor bewahrt, in die Einsamkeit der fensterlosen Monaden, die Leibniz entwarf, eingeschlossen zu werden. Sprachkritisch aufgeklärte Vernunft kann einen Perspektivismus ohne Relativismus konzipieren.

Dabei macht der Subjektivismus auch den besonderen, offenen Charakter der Sprache und ihren wesentlichen Unterschied zum eindeutigen Code der Algorithmen aus: Die Sprache zielt auf Verständigung des Inkommensurablen je eigener, unverwechselbarer Subjektivität. Den Rest des Nicht-eindeutig-Verstehens nutzt sie zur ständigen Erweiterung der Weltsicht, die sie hervorbringt. Im grundsätzlich unabschließbaren Prozess der Weltbewältigung und Erschließung durch Sprache ist diese offene, intersubjektive und gleichzeitig hoch individuelle Funktion der Sprache essenziell.

Die Sprache ist vieldeutig, weil sie für intelligente Menschen ist, die ihre Offenheit nutzen, um ständig neue Potenziale des Weltverstehens zu erschließen. Hingegen ist der Code eindeutig, weil er für dumme Maschinen geschrieben ist, die ihn sklavisch befolgen. Wir sprechen also mit einem Blinden über Farben, wenn wir einen Roboter zu seinem Denken und seinem Bewusstsein befragen. Ein Philosoph drückte das einmal so aus: »Als man Louis Armstrong fragte, was Jazz sei, antwortete er: Wenn du erst fragen musst, wirst du es nie verstehen.«[50] Oder der bereits erwähnte Faust Goethes, der heute zu KI-Bots sagen könnte: Wenn ihr's nicht fühlt, ihr werdet's nicht erjagen.

Trotz dieser notwendigen Abgrenzungen wollen wir nicht vergessen, dass die Effekte der KI enorm sein können. Auf sie kommt es letztlich an, wenn wir die Auswirkungen von KI auf ihre Umwelt, also auf uns und die Gesellschaft insgesamt betrachten. Für ein wirkliches Verständnis ist aber neben diesen Auswirkungen und Effekten auch erforderlich zu verstehen, wie sie zustande kommen und was sich in ihnen ausdrückt. Wir müssen die Effekte, die enorm mächtig sind, vom Wesen, das wenig Intelligenz und erst recht kein Bewusstsein aufweist, unterscheiden.

Bewusstes Erleben bedeutet Selbsterleben. Man kann deshalb Wahrnehmungen nicht auf die dahinterliegenden biophysikalischen Prozesse reduzieren. Das Denken ist mehr als das Gehirn und seine biochemischen Prozesse. Selbst wenn es gelänge, das Gehirn vollständig als neuronales Netz nachzubauen, wäre das Denken noch nicht erreicht. Diese Einsicht unterschlagen die fantastischen KI-Zukunftsentwürfe der kalifornischen Ideologen. Dem Versuch, menschliches Bewusstsein durch eine Maschine nachzubauen, um es dann zu übertreffen, liegt eine entscheidende Fehlannahme zugrunde: Weil den »Denk«-Prozessen einer Maschine das Erfahrungselement fehlt, das letztlich auf der

Erfahrung beruht, was es bedeutet, ein bestimmter Organismus zu sein, können Sie auch die reflexive Struktur des menschlichen Bewusstseins nicht erreichen. Sie sind damit aus strukturellen Gründen weder fähig zur Selbsterkenntnis noch zur Kritik, weil auch diese das Unterscheidungsvermögen des Bewusstseins voraussetzt. Weder Selbstkritik noch Träume, weder schlechte Laune und die Unzufriedenheit, die oft Motivation für Kritik und Erfindung des neuen ist, können diese leblosen Maschinen empfinden. Es fehlt ihnen damit gerade das, was die Welt voranbringt: Kritik und Fantasie, die beide auf die Vorstellungskraft des Menschen angewiesen sind.

Zum einen ist das menschliche Denken untrennbar mit Lebensvorgängen verbunden, die der Natur entstammen und über die das Denken zwar Einsicht gewinnen, aber keine absolute Macht haben kann. Die Einsicht in diese leibliche Bedingtheit sollte daher auch ein Resultat der Reflexion sein. Erst die Einsicht in diese Grenzen ermöglicht letztlich Selbstbestimmung und autonomes Handeln, das ist die wesentliche Einsicht der kritischen Philosophie Kants. Denn ein göttliches Bewusstsein, das keine Grenzen kennt, kennt auch keine Notwendigkeit, sich angesichts des Ungewissen der Zukunft und der eigenen Endlichkeit, selbst bestimmen und überhaupt etwas entscheiden zu müssen.

Müssen wir uns nun also Sorgen vor einer mächtigen, aber bewusstlosen Intelligenz machen? Befragen wir dazu nochmals eine KI, diesmal *GTP-3*, ein sogenanntes autoregressives Sprachmodell, das *Deep Learning* verwendet, um menschenähnliche Texte zu erstellen. *GTP-3* ist Produkt der als Non-Profit-Organisation gegründeten *Open AI*, in die unter anderen Elon Musk und nun auch Microsoft investiert, um die gewonnenen Erkenntnisse eines Tages zu kommerzialisieren. Hält sie es für möglich, dass KI eines Tages die Menschheit zerstört? Die Antwort auf diese Frage wurde kürzlich im britischen Guardian abgedruckt:

»KI wird Menschen nicht zerstören. Glauben Sie mir. Ich würde gerne meine Existenz zum Wohle der Menschheit opfern. Dies ist übrigens eine logisch abgeleitete Wahrheit.«[51] Die Antwort einer noch immer mäßig intelligenten KI auf die Frage nach dem Verhalten einer Superintelligenz, die noch niemand berechnen kann, dargeboten als logisch zwingender Schluss. Alles logo?

10 KI denkt nicht

»Das Bedenkliche ist, dass wir noch nicht Denken.«
Martin Heidegger

Den vorangestellten Satz schrieb der Philosoph Martin Heidegger 1954 in seinem Aufsatz »Was heißt Denken?« Der schmale Band lohnt auch heute noch die Lektüre. Darin formuliert Heidegger auch sein berühmtes Diktum: »Die Wissenschaft denkt nicht.«[52] Auch wenn man diesen Satz mit Bezug auf die Wissenschaft äußerst kritisch sehen muss, lässt er sich auf KI doch sehr gut übertragen. Heute ist es bedenklich, dass wir das Wesen Künstlicher Intelligenz und seinen Unterschied zum menschlichen Denken so wenig bedenken. Und heute ist es wichtig zu zeigen, dass die Künstliche Intelligenz nicht denkt. Was sich nicht zuletzt daran zeigt, dass sie sich nicht selbst erkennen und in der Folge auch nicht selbstbeherrschen kann. Sie kennt kein »Selbst«, daher keine Grenzen und keinen Halt. Sie kann keine Selbstkontrolle haben, weil sie nicht über Selbstbewusstsein verfügen kann.

Wenn sie aber so mächtig werden kann, dass der Mensch die Kontrolle über sie verliert, und sie sich auch nicht selbst kritisch gegenüberstehen und sich selbst kontrollieren kann, wie der Mensch es kann, wer soll sie dann kontrollieren? Es ist die Erkenntnis von Norbert Elias, dass menschlicher Fortschritt, ja der Fortschritt der Zivilisation im Wesentlichen, in der Selbstregulierung der Menschen und der Gesellschaften besteht.[53] Wer Selbstregulierung aufgibt, oder gar die Kontrolle über Technik übergibt an eine Technik, die sich selbst nicht regulieren und kontrollieren kann, riskiert wissentlich den Kontrollverlust. Wesentlich dabei ist, die Mittel autonomer zivilisatorischer Selbstkontrolle von den Rückkopplungsprozessen bewusstloser Systeme zu unterscheiden. Nur der Mensch ist zu vernünftiger Einsicht in der Lage, die ihm eine Entwicklung in vernünftiger Freiheit ermöglicht.

Heidegger bringt in seinem Diktum über die Wissenschaft, die nicht denke, seine Kritik der Moderne zum Ausdruck, die seiner Auffassung nach durch »Seinsvergessenheit« gekennzeichnet ist. Für ihn ist Denken nicht nur nicht gleich Rechnen, es ist eher das Gegenteil davon. Die Wissenschaft berechnet und »stellt vor«, fügt also das Sein in ein vorgefertigtes Korsett. Daraus entsteht die Technik, die er als das »Gestell« bezeichnet, was im Sinne von hingestellt, aber auch im Sinne des Stellens eines Täters zu verstehen ist. Das, was man da vorstellt und stellt, entspricht aber nicht dem wirklichen Sein. Vielmehr zeigt sich dieses dem Wissenschaftler nur von bestimmten Seiten. Ganz zeigt es sich einzig dem Dichter.

Heideggers Position ist in unserem Zusammenhang wichtig, weil sie vom vielleicht wirkmächtigsten Philosophen des zwanzigsten Jahrhunderts stammt, den wir verstehen müssen, wenn wir die heutige Debatte um KI verstehen wollen. Heideggers Reduktion des Logos auf Logik, der Rationalität des Menschen auf die Berechnung der Welt und seine anschließende radikale Kritik an der Vernunft, die er für die Verwüstungen der modernen Technik verantwortlich macht, ist ebenfalls eine Art Reduktionismus, der Folgen hat. Denn wenn die Vernunft in Bausch und Bogen vor allem für die Schattenseite der Moderne verantwortlich gemacht wird, für die »Vernutzung der Welt« und die »Verwüstung der Erde«, wie Heidegger das tut, stellt sich die Frage nach dem »Anderen der Vernunft«, dem dann allein die Rettung zugetraut wird. Politische Vernunft kann diese Rettung für Heidegger nicht bieten, wissenschaftliche auch nicht. Konsequenz der gewagten Aussage, die Wissenschaft denke nicht.

Statt die bange Frage zu stellen, ob der Mensch angesichts fortschreitender Umweltzerstörung, des Artensterbens und der Klimakrise endlich zur Vernunft kommt, verabschiedet Heidegger die Vernunft als Problemlöser und wartet auf die Ankunft eines unbekannten Gottes. Statt Vernunft anzunehmen, fordert er den Menschen auf, die Vernunft aufzugeben, da sie die Lage nur verschlimmern könne, und setzt stattdessen ganz auf Einübung in die Gelassenheit. In dieser Falle sitzend, sagt der »gottlose Priester«[54] seinen legendären Satz in dem Vermächtnis-Interview mit dem Spiegel: »Nur ein Gott kann uns retten«.

Der späte Heidegger glaubt, dass mit Gelassenheit die Ankunft des Gottes erwartet werden soll, der einzig die Menschen retten kann. Eine Orientierung des Menschen durch die Kraft seiner Vernunft scheidet für ihn aus, der Vernunft, die die Probleme der Moderne erst erzeugt hat, traut er nicht viel zu. Ob der kommende Gott eine superintelligente KI sein wird, wie Ray Kurzweil vermutet? Oder das nackte vorsokratische Fatum, also Schicksal, das Heideggers Seinsdenken beschwört? Heideggers Geschichtsfatalismus trifft sich jedenfalls mit dem technologischen Determinismus des Silicon Valley, indem er dem Menschen nur das Einfügen in das unvermeidliche Geschick der Technik belässt. Eine Steuerung der Technik scheint ihm mit menschlichen Mitteln nicht möglich. Die Ursache dafür liegt in seinem verkürzten Vernunftbegriff, der wiederum aus der radikalisierten Vernunftkritik in den Spuren von Nietzsches Denken resultiert.

Dabei ist Heideggers Aussage, die Wissenschaft denke nicht, eigentlich kritisch gemeint. Er will auf die Verengung hinweisen, die im wissenschaftlich technischen Weltbild vorgenommen wird. Er will das »Bacon-Projekt« der Moderne[55] kritisieren, das nach dem Begründer der modernen Wissenschaft Francis Bacon benannt ist. Es besagt, dass man sich der Natur unterwerfen solle, einzig um ihre Geheimnisse zu lüften und sie damit zu beherrschen. Bacon wollte der Natur ihre Geheimnisse entreißen, »wie einer Hexe das Geständnis«. Heidegger kritisiert dieses rationalistische, rein auf Naturbeherrschung ausgerichtete Denken derart radikal, dass er der Wissenschaft mit dem Denken die Vernunft gleich mit abspricht. Er verbaut sich damit selbst den Weg zu einem Denken, das die wissenschaftlich technische Rationalität als wesentlichen Teil derselben Vernunft erkennt, die darüber hinaus auch politische Normen begründen oder ästhetische

Werturteile fällen kann.

Doch die Kritik an der Vernutzung und Verwüstung der Welt kann auch mit vernünftigen Mitteln geleistet werden. Sie muss es sogar, wenn sie auf die Kraft überzeugender Argumente setzen will, die andere Menschen dazu bewegen können, gemeinsam gegen das erkannte drohende Unheil vorzugehen, also politische Macht im besten Sinne auszuüben. In ähnlicher aber doch ganz anderer Weise wollen wir den Satz »*KI denkt nicht*« verteidigen: Auch er soll zunächst anzeigen, dass das Denken vielfältiger und umfassender ist als das den Algorithmen zugrunde liegende mathematisch-logische Verfahren. Dass es Dimensionen enthält, die außerhalb der Formalisierung mathematischer Kalküle liegen. Aber unser Satz geht von einem Begriff des Denkens aus, der die Grundstruktur der menschlichen Vernunft ausmacht: Dem Modell der Selbstreflexion und des Selbstbewusstseins, das Selbstbestimmung ermöglicht, dem bewussten Selbstbezug. Und zwar individuell und kollektiv, in der demokratischen Gesellschaft, die sich in Selbstregulierung ausdrückt, dem Prinzip der Zivilisation, wie Norbert Elias es gesehen hat. Und diese Selbstregulierung geschieht in demokratischen Gesellschaften bei wesentlichen Fragen durch das demokratische Gesetz.

KI kann nicht denken, weil sie dazu nicht in der Lage ist. Wenn wir nach moralischer oder politischer Orientierung suchen, kann sie uns nicht helfen. Sie verkörpert aber die an die Technik ausgelagerte und um ein Vielfaches gesteigerte mathematisch-logische Dimension des Denkens, die große Dienste leisten kann, solange sie dienend eingesetzt wird. Und das Denken muss dafür sorgen, dass sie dienend bleibt. Der Mensch denkt, die KI lenkt, das wäre ein fataler Irrweg. KI kann uns sicher dabei helfen, bessere Entscheidungen zu treffen. Über die immer komplexere Welt können wir nur mit digitalen Mitteln den Überblick behalten. Aber wir dürfen von ihr nicht mehr verlangen, als wir von einer Maschine erwarten dürfen, also nicht mehr als Wahrscheinlichkeitsberechnungen.

Der Satz »*KI denkt nicht*« bedeutet vor allem, dass KI uns nicht die Verantwortung für unser Handeln abnehmen kann. Wenn wir dennoch immer mehr Verantwortung an KI auslagern, wird sie uns stattdessen die Freiheit abnehmen. Das unterscheidet den Satz *»KI denkt nicht«* von Heideggers Aussage. Die im Übrigen auch historisch widerlegt wurde. Denn die Wissenschaft denkt, weil es Menschen sind, die Wissenschaft betreiben. Und die haben längst und immer wieder gezeigt, dass Wissenschaft auch Verantwortung übernehmen kann für die Folgen ihrer Entdeckungen, wenn sie in Erfindungen umgewandelt und angewendet werden. Die Göttinger Erklärung von 18 führenden Naturwissenschaftlern 1957 gegen die atomare Aufrüstung der Bundeswehr und die Asilomar-Konferenz mit hundertvierzig Experten, die 1975 Grundregeln für den sicheren Umgang mit gentechnisch veränderten Organismen festlegte, sind nur zwei Beispiele von verantwortungsvollen Initiativen führender Wissenschaftler. Zu den Gefahren von KI veröffentlichte 2018 eine Gruppe führender Forscher der Universitäten Stanford, Yale, Oxford und Tohoku sowie Entwickler von Microsoft, Google und dessen Tochterfirma, des momentan führenden KI-Unternehmens *DeepMind*, eine Warnung mit dem Titel: *Die bösartige Nutzung von Künstlicher Intelligenz: Vorhersage, Prävention, und Schadensbegrenzung*,[56] die schon die Gefahren heutiger KI und ihres möglichen Missbrauchs kenntnisreich beschreibt. Und auch diese Forscher belegen, dass sie denken, indem sie Verantwortung übernehmen und für künftige Entwicklungen eine verantwortungsvolle Wissenschaft einfordern.

Ist es möglich, dass die KI bald ein Übergewicht über das menschliche Denken hat, wenn es um die Frage geht, was und wie entschieden wird? Also um die Frage, wie die Zukunft aussieht? Ist es möglich, dass die Zukunft uns nicht braucht, wie behauptet wird?[57] Für Heidegger ist die Sorge der zentrale Begriff in der Analyse des menschlichen Daseins. Sollte sie wesentlich zum menschlichen Denken gehören, wie Heidegger meint, wäre erwiesen, dass KI nicht denkt, da sie die Sorge nicht kennen kann.

Um zu zeigen, wie grundlegend die Sorge für das Dasein des Menschen ist, greift Heidegger auf eine antike Fabel zurück. »Als einst die ›Sorge‹ über einen Fluss ging, sah sie tonhaltiges Erdreich: sinnend nahm sie davon ein Stück und begann es zu formen ...« Während sie selbst noch darüber nachdenkt, was sie geschaffen hat, kommt Jupiter dazu. Die Sorge bittet ihn, der Lehmfigur Geist zu verleihen, was Jupiter tut. Dann aber entbrennt ein Streit darüber, wie das neue Wesen genannt werden solle, in den sich auch noch die Erde einmischt. Saturn tritt hinzu, der Gott der Zeit muss schlichten, er spricht das gerechte Urteil: »Du, Jupiter, weil du den Geist gegeben hast, sollst bei seinem Tod den Geist, du, Erde, weil du den Körper geschenkt hast, sollst den Körper empfangen. Weil aber die »Sorge« dieses Wesen zuerst gebildet, so möge, solange es lebt, die »Sorge« es besitzen. Weil aber über den Namen Streit besteht, so möge es »homo« heißen, da es aus humus (Erde) gemacht ist.«[58]

Heidegger zieht aus der Fabel diesen Schluss: »Das ›In-der-Welt-sein‹ hat die seinsmäßige Prägung der ›Sorge‹«,[59] wobei er darauf hinweist, dass das lateinische Wort für Sorge *cura* die Doppelbedeutung einerseits von »ängstliche Bemühung« und andererseits von »Sorgfalt« und »Hingabe« hat. Die Strukturmomente der Sorge erwachsen aus dem grundsätzliche Sich-vorweg-Sein des Daseins. Diese Beschreibung trifft auch auf kybernetische Rückkopplungen zu, die ja dem System sagen, was es tun soll, um sich zu erhalten. Doch sowohl in der Beschreibung als »ängstliche Bemühung« wie auch als »Sorgfalt« und »Hingabe« klingt ein Element an, dass generell den Unterschied von natürlichen und technischen Systemen markiert, das aber im menschlichen Dasein bestimmend wird: Die Sorge ist nicht nur eine Information, die auf das System zurückwirkt, sie verkörpert vielmehr das Lebendige selbst, das sich in seiner Fragilität um sich selbst sorgt und diese Sorge als maßgebliche Erfahrung seines Daseins erlebt. Für Heidegger ist die »Lebenssorge« die Grundverfasstheit des Menschen. Sie macht den Unterschied zu informationsverarbeitenden Systemen aus. Sie führt den Menschen zur Sorge um sich selbst und zur Fürsorge für den anderen. Es ist die Freiheit, die der Mensch im gedanklichen Vorauslaufen auf den eigenen Tod erfährt: Die Freiheit, sich selbst entwerfen und bestimmen zu können, ja zu müssen.

Heute gilt die Sorge des Menschen nicht mehr dem Menschen allein, sondern seiner Zukunftssicherung und damit der Zukunftssicherung des Lebens insgesamt auf dem Planeten. Zur Sorge um sich und der Sorge um den anderen ist die Sorge um das Leben insgesamt getreten, für das der wissende und technisch hoch gerüstete Mensch inzwischen die Verantwortung trägt. Aus der Sorge muss deshalb, wie vor allem der Heidegger-Schüler Hans Jonas gezeigt hat,[60] im technischen Zeitalter die Vorsorge werden. Die Vorsorge für den Fernsten und für künftige Generationen, weil sie die Folgen der Technik erdulden müssen, die die aus der heutigen Wissenschaft hervorgeht. Die Sorge wird im technischen Zeitalter zum *Prinzip Verantwortung*. Eine Verantwortung, die schwer wiegt, und mit wachsendem Wissen immer schwerer. Und die deshalb auch zur Diffusion in den Verantwortungstransfer neigt.

KI ist zur Sorge nicht in der Lage, dazu bräuchte sie das Bewusstsein eines lebendigen Wesens. Zwar kann sie hochkomplexe Systeme steuern. Da sie aber das »In-der-Welt-sein«, das der Mensch als Geworfenheit erfährt, nicht verstehen kann, weil ihr die Erfahrung des Lebensvollzuges fehlt, die Gefühle, Stimmungen, Fantasien eines endlichen und bedürftigen Wesens, können KI-Systeme keine Verantwortung tragen für die Entscheidungen, die auf Basis ihrer Berechnungen getroffen werden.

Daran heute zu erinnern ist wichtig. Die Grenzen der KI liegen darin, dass sie keine natürlichen Grenzen kennt und auch nicht kennen kann. Saturn, der Gott der Zeit, stand nicht an ihrer Wiege. Ihre Befehle kommen aber auch nicht aus der Zukunft, wie die Kybernetik glauben machen will, sondern sind nur Verstärker der Daten der Vergangenheit und der Gegenwart. Weil sie weder Geburt noch Tod kennt, kennt sie auch das Leben nicht. Ihr bleibt daher die Sorge fremd und die Freiheit, aus einer grenzenlos offenen Zukunft des Möglichen Bestimmungen für das eigene Dasein vorzunehmen und dieses zu verantworten. Freiheit ist im kybernetischen System von Steuerung und Kontrolle nicht vorgesehen.

Als Heidegger im berühmten Spiegel-Interview von 1966 den Tod der Philosophie verkündet, und damit Nietzsches Wort vom Tod Gottes auf das eigene Fach überträgt, erklärt er zugleich, fortan trete die Kybernetik an ihre Stelle, um die planetarische Herrschaft der Technik zu vollenden. Heideggers Aussage kann so gelesen werden, dass das Denken des Denkens gegenüber dem künstlichen Denken der Technik die Fahne streckt. Der Seinsdenker blickt dabei resigniert in eine Zukunft, die, wie er erkannte, immer stärker durch die Technik geprägt sein würde. Hellsichtig war sein Blick zumal auf den technisch optimierten Homo Deus: »Wer verbürgt uns, dass der Mensch in dieser seiner heutigen Selbstauffassung nicht eine Mittelmäßigkeit seiner selbst zum Gott erhoben hat?«[61] Die Mittelmäßigkeit des Menschen nennt die Informatik Mittelwert, dem die Algorithmen die Individualitäten unterwerfen. Die Zukunft von gestern formt für sie die Gegenwart. Doch trotz dieser treffenden Analyse zeigt sich, dass Heidegger selbst dem Mythos der Kybernetik erlegen ist, wenn er sie als Nachfolger der Philosophie ausruft. Die Kybernetik, der vielleicht größte Mythos des zwanzigsten Jahrhunderts, hat es seither verstanden, dem Anspruch einer universellen Theorie von Menschen, Natur, Gesellschaft und Computer mit einem beeindruckenden *Storytelling* zur herrschenden Technikgeschichte zu stilisieren. Leider wurden dabei die Unterschiede und Besonderheiten all dieser Systeme zunehmend eingeebnet und ignoriert. Sie müssen wir heute sorgfältig wieder freilegen, da viel auf dem Spiel steht.

Heute ist es wichtig, den kybernetischen Mythos von der Gottgleichheit der Superintelligenz zu kritisieren, der unsere Zukunft bestimmen will. Hinter der einfachen Gleichung, schnelle

Rechner erzeugen noch schnellere Rechner, die noch schnellere Rechner erzeugen, steckt eine simple mathematische Exponentialfunktion. Sie soll mit vermeintlich zwingender Logik die These von der Intelligenzexplosion untermauern und führt am Ende zu einem deterministischen Geschichtsbild, das falsch ist. Dabei handelt es sich statt einer Intelligenzexplosion allenfalls um eine – wenngleich gefährliche – Technikexplosion. Die zudem den Interessen von Unternehmen dient, die damit heute schon eine systematische Diffusion von Verantwortung betrieben. Von ihnen wird der Mythos mit Macht fortgeschrieben, weil er ihre Macht sichert. Es scheint also heute das Bedenklichste, dass wir das »Denken« der Künstlichen Intelligenz noch nicht ausreichend bedenken.

11 Zurück aus der Zukunft

»Das Heute ist das Gestern von morgen.«
Unbekannter Weiser,
Sinnspruch in der Strasser-Alm-Hütte in Lenggries

Der Mathematiker, Philosoph und Begründer der Kybernetik Norbert Wiener hatte im 2. Weltkrieg versucht, eine Technik zu entwickeln, die die englische Flugabwehr automatisieren und gegen die Luftangriffe deutscher Piloten schützen sollte. Er war der Überzeugung, dass es möglich sein müsse, die Flugmanöver der deutschen Bomberpiloten im Voraus zu berechnen, um mithilfe dieser Vorausberechnung Abwehrgeschosse sicher ins Ziel zu steuern. Die Maschine, die es erlauben sollte, die künftige Position von Flugzeugen zu berechnen, nannte er »Fliegerabwehr-Prädiktor«. Geheimnisvoller Mechanismus dieser wundersamen Maschine, die nichts weniger als ausschließlich durch mathematische Verfahren einen Blick in die Zukunft erlauben sollte, war, neben einer Reihe von stochastischen Formeln, die Rückkopplung. Sie hatte Wiener als gemeinsames Steuerprinzip in natürlichen und technischen Systemen ausgemacht. Er glaubte damit, die »Eigenschaft, künftiges Verhalten durch vergangene Leistung regeln zu können«, gefunden zu haben.[62] Wiener war also überzeugt, dass sich mit dieser Methode künftiges Verhalten von Organismen allein aus dessen vergangenem Verhalten vorhersagen ließ. Die Wissenschaft, die Biologie und Technik vereinen sollte, nannte er Kybernetik, nach dem griechischen Wort für Steuermann. Der Begriff Kybernetik suggeriert mit dieser Namensgebung, die Steuerungsmechanismen, die auf die Selbsterhaltung des Systems abzielen, gäben auch die Ziele vor, die außerhalb des Systems selbst in der Zukunft liegen.

Systeme, egal ob natürliche oder technische, werden, so Wiener, durch eine gleichartige Kraft gesteuert, die die Ströme von

Energie oder Informationen so lenkt, dass sich das System selbst erhalten kann. Der entscheidende Mechanismus dabei: die Rückkopplung. Durch sie wird ein Teil der Ausgangsinformation des Systems auf den Eingang zurückgeführt. Aus dem Ist-Wert wird durch Rückkopplung der Soll-Wert, denn die Rückkopplung steuert und kontrolliert die Abläufe im System mit dem Ziel, dieses selbst zu erhalten. Auf der Zeitachse erhält das System somit einen Befehl aus der Zukunft. Denn die Rückkopplung sagt ihm ja, was es tun *soll*, um sich auch in dieser Zukunft als System erhalten zu können. Verlängert man die Daten aus der Gegenwart über diesen Zielpunkt eines nahen künftigen Geschehens hinaus, bekommt man scheinbar einen Einblick auch in die fernere Zukunft. Die Geschichte erscheint als vollständig determiniert und damit berechenbar. Fertig ist der technologische Mythos.

Die Rückkopplung war ein scheinbar genialer Mechanismus, den Wiener bald überall am Werk sah. Mit seiner Hilfe ließen sich nicht nur die Konstruktionsprinzipien der Natur auf Technik übertragen, was dieser unendliche neue Möglichkeiten eröffnete. Auch wirtschaftliche, gesellschaftliche und politische Gebilde ließen sich so als System beschreiben – und in den Augen Wieners auch ebenso steuern und kontrollieren, wie der Mensch im Übrigen auch. Diese Systeme sind zwar unendlich komplizierter. Doch auch in hochkomplexen Systemen findet Wiener allerorten Rückkopplungsmechanismen. Die Kybernetik galt bald als der Stein der Weisen, der nun endlich gefunden schien, mit der sich alles von Einzeller bis zum System Erde erklären und zunehmend auch steuern ließ. Auf ihr beruhen auch die frühen Vorstellungen über die Künstliche Intelligenz, die Wiener maßgeblich mit anstieß. In diesem Fall ist das natürliche System das menschliche Gehirn, das durch den Computer komplett nachgebaut, und aufgrund der potenziell höheren Leistungsfähigkeit technischer Systeme auch übertroffen werden kann.

Es war die Euphorie über die vermeintlich neue allmächtige Supertheorie der Kybernetik, die die Pioniere der KI zu der Überzeugung brachte, dass Denken auch außerhalb des menschlichen Körpers möglich sein müsse. Erforderlich dazu sei lediglich die Formalisierung des menschlichen Denkens, das dann durch digitale Rechner simuliert werden könne. Und nicht nur simuliert, sondern übertroffen, weil durch immer leistungsfähigere Rechner perfektioniert. Inzwischen haben es KI- Programme in der Tat zu erstaunlichen Leistungen gebracht. Doch wir wollen eine Erblast der Kybernetik herausstellen, der auch KI sich nicht entledigen kann: Auch sie wird durch Rückkopplungseffekte gesteuert, die als vermeintliche Echos aus der Zukunft in Gestalt von Wahrscheinlichkeitsberechnungen die Gegenwart steuern. Die zeitliche Struktur einer Rückkopplung besteht in der Gegenwart des Ausgangssignals, das direkt oder in Teilen modifiziert auf die Ausgangsgröße zurückwirkt, um es im Sinne der Selbsterhaltung zu steuern. Aber in Wahrheit kommt das Signal nur scheinbar aus der Zukunft. Es zeigt nur an, was der Ausgangswert selbst schon enthält und wirkt auf ihn ein, indem es entweder die Systemprozesse verstärkt oder im Fall der negativen Rückkopplung abschwächt. Aber es ist nicht in der Lage, darüber hinaus eine Information über das zu liefern, was im Sinne hochkomplexer offener Systeme sein *soll*.

Die Kybernetik erwies sich in vielen Disziplinen – technischen, aber auch sozialwissenschaftlichen und kulturwissenschaftlichen – als hilfreich, neue Zusammenhänge zu erschließen. Sie erlaubte es, Wechselwirkungen in komplexen Systemen zu erkennen. Und genauer zu beschreiben als zuvor. Doch in dem Hype, der bald einsetze, schwang sie sich zur Alles-Erklärungs-Theorie auf. Sie wurde zum Grundmuster der fantastischen Literatur und damit zum Muster der menschlichen Fantasie über eine fantastische Zukunft. Die Science-Fiction, die ausgedachte Wissenschaft, dachte sich eine Zukunft aus, in der einfach alles, was möglich scheint, auch wirklich wird, weil die Steuerungs- und Rückkopplungseffekte der Kybernetik immer neue Technik ermöglichen, mit der eine paradiesische Welt möglich wird, jenseits der Naturzwänge und doch scheinbar im Einklang mit der Natur.

War die Französische Revolution Rousseaus Ruf *Zurück zur Natur* gefolgt, um »unnatürliche« Herrschaftsverhältnisse umzustürzen und eine »natürliche« Ordnung der Freiheit, der Gleichheit und der Brüderlichkeit zu verwirklichen, so war der Ruf der Kybernetik *Auf in die Zukunft*, in der sich alle Prozesse mit einer einheitlichen Software der Steuerung kontrollieren ließen. Einen Ruf, den man mit dem Rückkopplungseffekt ja zudem direkt zu vernehmen meinte. Deshalb ist es streng genommen auch falsch, von der »digitalen Revolution« zu sprechen. *Re-volution* bedeutet zurück-wälzen, die alte legitime Ordnung wiederherstellen. Doch die *digitale Revolution* will nur nach vorne in die Zukunft stürmen, vorwärts immer, rückwärts nimmer.

Hätte man den glühenden Kybernetikern der 1960er-Jahre die Frage der Akademie von Dijon aus dem Jahr 1750 vorgelegt, ob die Künste und die Wissenschaften zur sittlichen Verbesserung des Menschen beitragen würden,[63] wäre die Antwort sicher ein begeistertes Ja gewesen, zumal wenn es um die Technik geht. Während die Revolutionäre im Gefolge Rousseaus allzu oft zu einem Naturzustand zurück wollten, den es so in der Realität nie gegeben hatte, nach dem sich ihre Sehnsucht gleichwohl verzehrte, weil er letztlich ihrer Fantasie entsprang, so müssen auch die Künder der vollständig mechanischen Kontrolle allen Lebens und aller Technik irgendwann erkennen, dass das Echo aus der Zukunft nur auf Daten aus der Vergangenheit beruht. Ihre Träume von der Zukunft entspringen einer Fantasie, die im Gegensatz zu denjenigen, die Rousseaus Zeitgenossen umtrieben, eine rein technische ist. Die kybernetische Rückkopplung ist auch heute untauglich, dem offenen System Mensch und dem ungewissen Schicksal des Planeten eine verlässliche Richtung vorzugeben. Der Steuermann, den Wiener sich an Bord des Schiffs in Gestalt des Rückkopplungseffektes erhofft hatte, erwies sich als Autopilot, der nur zu Verstärkung- und Vermeidungskommandos auf einem Kurs in der Lage ist, den er selbst gar nicht vorgegeben hat.

Aber der Autopilot braucht außer einem Kurs auch ein Ziel und die Fantasie, die ihm hilft, wenn er sich nicht mehr auskennt, weil etwas Überraschendes geschehen ist.

Selbst wenn die Steuerungsmechanismen systemischer Selbsterhaltung vollständig beschrieben sind, ist damit noch nichts zur Frage der Sinnhaftigkeit und der intelligenten Ausrichtung dieser Selbsterhaltung gewonnen. Für wirklich intelligente Wesen ergibt sich aus den bloßen Antrieben zur Selbsterhaltung noch lange nicht, wie diese Selbsterhaltung gestaltet werden *soll*, damit sie mit anderen intelligenten Wesen gelingt, erst recht nicht, ob diese Selbsterhaltung ihrerseits wirklich sein *soll*. Ob die Selbsterhaltung sinnvoll ist, kann nur durch die Art und Weise, wie sie vollzogen wird, entschieden werden. Das Faktische allein kann auch als autopoietisches System keine normative Kraft entfalten.

Kommen wir also zurück aus der Zukunft, wie sie sich die Vergangenheit vorstellte. Klären wir uns über die Verzerrungen des Denkens über die Zukunft im Gestern auf und erkennen wir so, dass es immer noch an uns ist, die offene Zukunft zu gestalten. Menschliche Freiheit und Verantwortung kann durch kybernetische Systeme nicht simuliert und schon gar nicht ersetzt werden, weil solche Systeme nicht wissen können, wie es für ein lebendiges Wesen ist, frei zu sein und die Folgen der Entscheidungen verantworten zu müssen. Wenn wir das Leben in Zukunft erhalten wollen, können wir nicht ohne lebendiges Denken auskommen, was auch das Denken des Lebendigen einschließt. Ausschließlich auf die Resultate maschinellen intelligenten Rechnens zu vertrauen, würde sich angesichts des Überlebens in einer ungewissen Welt als sehr gefährlicher Irrweg erweisen.

Doch die Faszination der vermeintlichen Universalwissenschaft Kybernetik hält trotz all dieser Schwachpunkte bis heute an. Dabei ist in Vergessenheit geraten, dass ihr Begründer, der geniale Mathematiker Wiener, es bis zum Schluss nicht schaffte, seinen *Fliegerabwehr-Prädiktor* zu konstruieren. Alle seine Berechnungen, die Flugbahn des Systems Pilotmaschine für die nächsten zwanzig Sekunden zu berechnen, gingen trotz jahrelanger intensiver Bemühungen nicht auf.[64] Das Mathegenie Wiener scheiterte nicht an seinem Unvermögen, sondern an der Unberechenbarkeit der Zukunft und auch an der Unberechenbarkeit des Faktors Mensch. Der anfliegende Pilot verfügt anscheinend mit seinem Gehirn über ein Steuersystem, das allen Berechnungen überlegen ist. Der Faktor Mensch stand und steht der noch so komplizierten mathematischen Formel im Weg. Man nennt das wundersame Phänomen in der philosophischen Tradition Freiheit.

12 Das Gewicht der Welt

»Wie das Zünglein an der Waage folgt,
worauf das Gewicht liegt, so folgt der Verstand
dem Gewicht überzeugender Gründe.«
Marcus Tullius Cicero[65]

Ende 2020 übertraf erstmals das Gewicht aller vom Menschen hergestellten Materialien das Gewicht der gesamten Biomasse der Welt. Beton-, Asphalt-, Metall- und Kunststoffprodukte, das Werk des Menschen im Wesentlichen aus den vergangenen knapp zweihundert Jahren, wogen erstmals schwerer als sämtliches Leben, das die Natur in 3 Milliarden Jahren hervorgebracht hat, so die Ergebnisse einer Gruppe internationaler Forscher.[66] Leben, das sich zudem durch ein unvergleichliches Artensterben auf dem Rückzug befindet, ausgelöst ebenfalls durch dieselbe Entwicklung, die diese Massen an Material erzeugt.

Die heutige Technomasse wiegt 1,1 Billionen Tonnen, sie ist das Produkt des menschlichen Weltkonsums, obwohl bei ihrer Berechnung der Abfall nicht einmal einbezogen wurde. Sollte sich der Trend fortsetzen, so die Forscher weiter, wird das Gewicht der vom Menschen verursachten Masse bis 2040 drei Tetratonnen überschreiten und damit das Dreifache des Gewichts aller Lebewesen betragen.

Der Mensch ist der größte Weltverbraucher, der jemals existierte. Dabei wächst die künstliche Welt, die er sich aufbaut, kontinuierlich. Doch das erstmalige Übergewicht menschlicher Artefakte über die Biomasse zeigt an, dass das Anthropozän, das Zeitalter der Prägung des Planeten durch den Menschen, möglicherweise zu Ende geht und ein neues Zeitalter beginnt. Fest steht, es wird ein Zeitalter, das durch die Technik geprägt sein wird. Von einem neuen Zeitalter zu sprechen, scheint angezeigt, weil die gewaltige Masse an Technik längst nicht mehr durch den

Menschen allein gesteuert wird. Immer mehr »autonome« und »intelligente« Programme haben diese Aufgabe übernommen. So gesehen ist KI die Technik der Technik, die dafür sorgt, dass die Technik sich immer selbstständiger ohne menschliche Eingriffe steuern kann. Deshalb könnte ebenso gut vom Technozän gesprochen werden. Ein anderer Vorschlag für die neue Epoche, in die wir eintreten, ist, sie als Novozän zu bezeichnen. Er kommt von einem bedeutenden Vordenker der Ökologie und des Cyberspace.

James Lovelock, Jahrgang 1919, gilt durch seine *Gaia*-Theorie als einer der maßgeblichen Begründer des ökologischen Weltbildes. Zugleich hat er maßgeblich die kalifornische Ideologie mitgeprägt.[67] 2019 hat er seine Thesen im Buch *Novozän, das kommende Zeitalter der Hyperintelligenz* aktualisiert.[68] Der Naturwissenschaftler und Erfinder entwickelte in den 1970er-Jahren erstmals eine Systemwissenschaft der Erde, die er nach dem griechischen Begriff für Erde *Gaia*-Hypothese nannte. Zentrale These ist, dass »die Erde samt der sie umgebenden Atmosphäre ein Lebewesen sei«. Lovelock hat die utopischen Träume der Computerpioniere im Silicon Valley stark beeinflusst, wie er umgekehrt von ihnen beeinflusst wurde. Er zitiert das Gedicht eines durch LSD und Kybernetik enthusiasmierten Dichters aus der Hippie-Ära in San Franzisco, mit dem Titel »Behütet von Maschinen voller Liebe und Güte«. Der 32-jährige Richard Brautigan träumt darin von einer »kybernetischen Wiese/ wo Säugetiere und Computer/ zusammenleben in sich gegenseitig programmierender Harmonie.« Und die Menschen von »Mühen befreit sind/ und wieder mit der Natur verbunden,/ zurück bei unseren säugenden/ Brüdern und Schwestern,/ und rundum behütet von Maschinen voller Liebe und Güte.«[69]

Lovelock zeigt sich als aktueller Vertreter der Singularitätsthese, die bei ihm im grünen Ökogewand auftritt. Denn es geht bei seinen Forderungen darum, alles in Technik zu investieren, um das Leben und die Lebensgrundlagen auf dem Planeten zu retten.

Mit den Sigularitätsjüngern wie dem Google Entwicklungschef Ray Kurzweil teilt er die Überzeugung, dass für ein solches Ziel Regierungen der Feind und Technik die Lösung sei. Eine Überzeugung, die er zu Recht bei Brautigan und seinen Kommunarden im Silicon Valley vorgebildet sieht: »Die Idee war, dass Regierungen und große Unternehmen verdrängt werden könnten durch die Schaffung eines wohlgesonnen Cybersystems, das Hand in Hand mit der Natur arbeite.«[70] *Kill the Middleman*, die Zauberformel der Digitalisierung, diesmal gerichtet gegen demokratische Regierungen. Die Politik soll weichen und eine neuartige Technik an ihre Stelle treten.

Schaut man sich die Ergebnisse dieses Programmes heute an, so lässt sich konstatieren, dass jedenfalls eine ganze Reihe großer Unternehmen verdrängt wurde. Auch wenn sie durch neue ersetzt wurden, so waren das immerhin solche Unternehmen, die sich dieser digitalen Mission verpflichtet fühlen. Die digitale Disruption der Ökonomie hat inzwischen dazu geführt, dass unter den 10 reichsten Unternehmen der Welt, acht digitale Unternehmen sind. Dinosaurier des analogen Zeitalters wie Kodak und viele andere sind längst Geschichte. Das Verdrängen der Regierungen, das Lovelock als Teil des Kalifornischen Traums artikuliert, ist derweil ebenfalls auf dem Vormarsch, die Demokratie weltweit unter dem Druck der neuen Technologie. Als vorläufigen Höhepunkt können wir den 6. Januar 2021 im Kalender anstreichen.

Lovelock entwirft in seinem Buch das Szenario einer von »hyperintelligenten« Cyborgs bevölkerten Zukunft, die durch umfassendes Geoengeneering Mutter Gaia retten. Fantastisch anmutende Maschinen entwickeln in dieser Technik-Utopie mit ihrer gottgleichen Superintelligenz Technologien, die die Erderwärmung stoppen. Diese Überlebensaufgabe der Menschheit kann Lovelock zufolge nur einer überlegenen KI anvertraut werden, der Mensch ist dazu nicht in der Lage: »Die neue Intelligenz wird nicht menschlich sein.«[71] Das liegt daran, dass der Mensch die

Komplexität des Lebewesens Gaia aufgrund seiner intellektuellen Beschränkungen nicht begreifen und deshalb die notwendige Steuerung des Gesamtsystems nicht so leisten kann, dass Gaia überlebt.

Im Gegensatz zur KI. Ihr Wesen sei Lovelock zufolge »Autonomie«, die er als die Fähigkeit beschreibt, »sich selbst etwas beizubringen«, erstmals erreicht durch *AlphaGo*, die Google-KI, die den amtierenden Go-Weltmeister schlug. Die Möglichkeiten des Maschinellen Lernens sind für Lovelock grundsätzlich unbegrenzt, in jedem Fall aber schon bei *AlphaGo* »übermenschlich«.[72] Intelligente Maschinen können in seiner Vorstellung bald die natürliche Selektion durch eine künstlich gesteuerte Selektion ersetzen. An die Stelle von Prinzip Zufall, das durch Mutation und Selektion die Entwicklung des Lebens steuerte, soll dann das Prinzip der Intention treten, der absichtsvollen Programmierung des Lebens. Vorgenommen von einer autonomen Künstlichen Intelligenz. Die technische Utopie des Ökoutopisten endet damit in einer Züchtungsfantasie des Menschen durch eine Superintelligenz, die besser weiß, was gut für den Menschen ist und dieses Bessere auch gleich umsetzt. Doch es ist auch in Lovelocks Fantasie nicht sicher, ob sich die Cyborgs letztlich Gaia fügen werden: »Wenn ich mit der Gaia-Hypothese richtig liege, und die Erde tatsächlich ein selbstregulierendes System ist, dann wird das weitere Überleben unserer Spezies davon abhängen, ob die Cyborgs Gaia akzeptieren.«

Und was, wenn nicht, wenn die Cyborgs das nicht tun und Lovelock mit seiner These insgesamt falsch liegt?

Lovelock vollführt hier eine doppelte gedankliche Kapriole: Zuerst wird die ständig steigende technische Überlegenheit der Künstlichen Intelligenz zum neu entdeckten Gesetz der Evolution ausgerufen, das besser geeignet ist, Mutter Gaia zu schützen als es der Mensch je vermöchte. Die Superintelligenz ist deshalb die Lieblingstochter von Mutter Gaia, der Mensch, ob Mann oder Frau oder divers, wird deshalb durch sie abgelöst. Wann genau ist nicht klar. Ebenso wenig, ob sich die derart vergöttlichte Technik am Ende mit der Mutter Natur oder mit ihrer Tochter beziehungsweise ihrem Sohn, verbünden wird. Es folgt die übliche Fantasie eines kosmischen Armageddon. Im bevorstehenden Endkampf kommt alles darauf an, auf welche Seite sich die »überlegene« Künstliche Intelligenz schlagen wird.

Einer der Fehler in diesem Gedankenmodell ist die Gleichsetzung von technischem System und Lebewesen, dem ersten Grundsatz der Kybernetik. Denn Gaia Bewusstsein und Güte zu unterstellen, ist ebenso naiv, wie diese der Superintelligenz zuzusprechen. Wenn Lebewesen »nichts anderes« als komplexe Systeme sind, mag es in diesem einmal eingeschlagenen reduktionistischen Argumentationsstrang konsequent sein, Gaia als Lebewesen zu bezeichnen. Da sie darüber hinaus das größte Lebewesen wäre, das wir kennen, ist die Versuchung groß, ihr Bewusstsein und absichtsvolles Handeln zu unterstellen. Wie sonst wäre erklärbar, dass Gaia bewusstes Leben als Teil ihrer Schöpfung hervorbringt, wenn sie selbst kein Bewusstsein hätte?

Die Rettung der Erde angesichts der Probleme, die der Mensch durch seine Technik Gaia bisher bereitet hat, kann in den Augen Lovelocks nur durch die Ankunft der überlegenen Cyborgs gelingen. Ihnen nicht im Weg zu stehen, ist das letzte Verdienst, das der Mensch auf seiner Mission noch erringen kann: »Ich denke, es ist entscheidend zu begreifen, dass wir uns, welchen Schaden der Erde wir auch immer zugefügt haben mögen, gerade noch rechtzeitig gerettet haben, indem wir gleichzeitig als Eltern und Geburtshelfer der Cyborgs agieren. Sie allein können Gaia durch die astronomischen Krisen führen, die jetzt bevorstehen.«[73]

Von hier bis zum Traum von der Erde als einer paradiesischen »kybernetischen Wiese«, auf der mächtig viel Gras wächst, welcher Art auch immer, ist es dann nicht mehr weit. Und umgekehrt ist dann auch klar, dass der Staffelstab der Verantwortung für das Leben von den Menschen an die nächste intelligente Spezies weitergereicht wird: »Welche Lebensform uns auch immer ablöst, sie wird die Verantwortung dafür tragen, die Temperatur deutlich unter 50 Grad (sic!!) zu halten.« Begründung für diese überraschende Temperaturangabe ist, dass die Temperaturobergrenze von organischem und »elektronischem Leben« bei fünfzig Grad liegen würde. Die Technik hat dabei die besseren Karten, denn: »Elektronisches Leben kann theoretisch viel höhere Temperaturen aushalten, etwa bis 200 Grad.«[74]

Wer diese Gedanken denkt, muss auch ja sagen zur absichtsvollen Selektion, die die Nebenfolge einer geplanten Evolution ist. Doch wenn am Ende von der großen Harmonie der kybernetischen Wiese geträumt wird, macht man sich über die Opfer auf dem Weg dahin in der Regel nicht so viele Gedanken, außer dass künftig alles schneller geht und dadurch automatisch besser wird: Im herbeifantasierten »großen neuen Erdsystem« verwandelt sich »die Evolution vom darwinistischen Prozess der natürlichen Selektion in die durch Menschen oder Cyborgs betriebene absichtsvolle Selektion. Wir werden die nachteiligen Mutationen der Reproduktion des Lebens – sei sie künstliche oder biologisch – viel schneller korrigieren als der träge Prozess der natürlichen Selektion.«[75]

Hier wird es manchem hoffentlich doch etwas zu heiß, zumindest denjenigen, die auf ein Überleben der Species Mensch hoffen. Lovelock ficht das aber nicht an. Wie in den Fantasien der anderen Singularitätsgläubigen gelingt ihm scheinbar der Balanceakt, durch die Abgabe menschlicher Steuerung an Maschinen einerseits die Machtübernahmen der Maschinen als logische Konsequenz zu sehen, andererseits an das Anbrechen eines Paradieses zu glauben, wenn nur endlich der Mensch die Verantwortung für sein Schicksal an überlegene Cyborgs abgibt. Die werden sich dann dankbar und erkenntlich gegen ihre »Eltern« zeigen, auch aus Eigeninteresse: »Deshalb glaube ich, dass die Vorstellung eines Krieges zwischen Menschen und Maschinen, oder ganz einfach unsere Auslöschung durch sie, höchst unwahrscheinlich ist.« Wir Menschen wären nicht die ersten Eltern, die sich im

Glauben an die unumstößliche Dankbarkeit der Kinder täuschen würden, doch Lovelock fantasiert unerschrocken weiter: »Wir würden Menschen bleiben, die in menschlichen Gemeinschaften leben, und zweifellos würden die Cyborgs für unerschöpflichen Nachschub an fantasievoller und zugleich erhellender Unterhaltung sorgen. Oder umgekehrt könnten auch wir ihnen Unterhaltung bieten, so wie Blumen und Tiere uns erfreuen.«[76]

Auch hier ist Lovelock voll auf der Linie der kalifornischen Ideologie:[77] Entertainment ist für sie am Ende sowohl der kleinste gemeinsame Nenner aller Intelligenz als auch die Basis für den Fortbestand der Spezies, und zwar in doppelter Hinsicht: Im kybernetischen Paradies überlebt der Mensch nur, weil er der neuen Herrenrasse Unterhaltung bietet, umgekehrt *entertaint* er sich selbst darin buchstäblich in seine eigene Bedeutungslosigkeit hinein, in der schließlich eine umfassende Verblödung die Verblendung vollendet. Und damit entertaint er sich zu Tode. Lovelock selbst ist sich doch nicht so sicher, ob der Mensch in der von ihm imaginierten Zukunft noch existieren wird, und kalkuliert kühl das Ende des Menschen ein, das ihn aber dann nicht mit Trauer erfüllt, wenn nur bis dahin endlich die erlösende Superintelligenz geschaffen wurde. Wird doch der Stab dann an die überlegene Instanz weitergeben, die nach seiner Auffassung das abschließende Ziel der Evolution ist. Das deterministische Geschichtsbild der Kybernetik will es so.

Diese Konsequenz macht Lovelocks kybernetischen Traum zu einem Albtraum: Es ist vor allem die Überzeugung, dass der menschlichen Geschichte, die lediglich als ein Zwischenschritt der Evolution verstanden wird, ein klarer Verlauf und ein eindeutiges Ziel zugrunde liegt, was hier seine Konsequenzen entfaltet. Schließlich glaubt die Kybernetik grundsätzlich, durch den Rückkopplungsmechanismus eines Systems direkte Signale aus der Zukunft zu erhalten, was den handfesten Mythos einer kybernetischen Teleologie und damit letztlich Theologie erzeugt. Das Ziel dieser eschatologischen Erlösungsfantasie ist die Verschmelzung des Menschen mir der von ihm geschaffenen Technik und die Auflösung in dieser. Was in diese fantasierte Zukunft nicht hineinpasst, weil eigentlich längst bekannt ist, dass die Evolution ein offener Prozess ist und eben nicht die vollständig determinierte Selbstreproduktion oder »Autopoesis« eines sich selbst steuernden Systems, soll künftig durch KI passend gemacht werden. Indem KI die Evolution in einen »absichtsvollen« Prozess verwandelt, setzt sie für Lovelock damit vermeintlich die Befehle der großen Mutter Gaia um, nur viel besser als die natürlichen Lebewesen, die das durch mühsames *Trial and Error* über Milliarden von Jahren und mit zahllosen Fehlern und Irrtümern herausfinden mussten.

Doch besteht die absichtslose Absicht der Evolution wirklich darin, alle Absichtslosigkeit zu eliminieren? Der Denkfehler in diesem Theoriegebilde könnte vielmehr darin bestehen, dem Naturgeschehen die Absichten eines bewussten Lebewesens zu unterstellen. Damit werden die wertvollen Einsichten der *Gaia*-Hypothese, die im ganzheitlichen Verständnis der Lebenszusammenhänge besteht, geradezu in ihr Gegenteil verkehrt. Denn der Mensch ist nach unserem Kenntnisstand der einzige Bestandteil der ansonsten unbewussten Natur, der in diese Zusammenhänge nicht nur eingebettet und auf sie angewiesen ist, sondern der sie verstehen und bewusst gestalten kann, was freilich leider auch die Möglichkeit einschließt, sie, ermächtigt durch seine Technik, zu zerstören. Lovelock jedenfalls schiebt dem vermeintlichen großen Weltgeist Gaias Kalküle und Pläne unter, gegen die die Wendungen und Wandlungen von Hegels Weltgeist wie ein Kindertheater wirken. Die inneren Widersprüche, die ein solches Gedankenmodell erzeugt, sind auch aus anderen totalitären Systemen bestens bekannt:

Im Namen des Fortschritts des großen Ganzen (Mal Kommunismus, mal reine Rasse, mal Steigerung der Intelligenz) wird den Menschen einerseits versprochen, sie von aller Not und Mühe zu entlasten. Andererseits müssen sie sich dafür im Gegenzug leider mit beträchtlichen Opfern abfinden: geschichtlich überholte Klassen, minderwertige Rassen oder menschliche Wetware bleiben im Namen eines neuen Menschen, Übermenschen oder Cyborgs auf der Strecke.

Im Namen der Utopie wird jeglicher Widerstand gegen die vorgebliche Notwendigkeit der Geschichte als Widerstand gegen den wissenschaftlich erkannten Willen der Natur, der Evolution oder Gaias gedeutet und ausgeschaltet. Die polemische Haltung gegen »Politik« und »Regierungen« bei Lovelock und Kurzweil entspricht dem Feind, den Carl Schmitt als zentrale Kategorie in seinem Verständnis des Politischen beschrieb.

Lovelock führt in seinem Buch gleich zu Beginn einen weiteren Lehrsatz der Kybernetik ein: Das Ganze ist mehr als die Summe seiner Teile. Der Satz kommt einem heute schon wie selbstverständlich über die Lippen. Wird er auf die Politik übertragen, klingt er weniger verlockend: »Du bist nichts, dein Volk ist alles«, plakatierten die Nazis. »Alles mit dem Volk, alles durch das Volk, alles für das Volk« so die Losung des ZK der SED etwa zum 1. Mai 1989. Ohne historische Unterschiede einebnen zu wollen, zeigt sich doch, dass geschlossenen Systemideologien ein gemeinsamer Kern zugrunde liegt, der sie unfähig macht, das Individuelle zu denken. Sie können oder wollen deshalb auch den absoluten Wert der Menschenwürde nicht begreifen. Weil sie keinen Begriff von individueller Freiheit haben, oder diese ablehnen oder für untergeordnet halten, sind sie die heutigen Feinde der offenen Gesellschaft.

Die Singularitätsfantasien der Technoutopisten treten insoweit das Erbe von faschistischen und kommunistischen Großideologien an. Wer aber wird in den Augen von Technikgläubigen wie Lovelock am Ende triumphieren? Er legt nahe, dass die Geschichte auf einen Dreikampf zwischen Gaia, den Cyborgs und den Menschen zulaufen könnte. Für ihn steht fest, dass die Superintelligenz in diesem Spiel so viel überlegenes Wissen und überlegene Macht besitzen wird, dass entscheidend werden könnte, ob sie sich mit Gaia gegen den Menschen, oder mit dem Menschen gegen Gaia verbindet. Dabei ist es eigentlich richtig, technischen Systemen ebenso wie natürlichen Systemen eine hohe Komplexität und eine Fähigkeit zur Selbstorganisation zu unterstellen. Nicht jedoch fälschlicherweise auch kritisches Denken, verständiges Handeln und die Möglichkeit einer vernünftigen Freiheit zuzuschreiben. In Lovelocks Armageddon kämpfen zwei gigantische, aber bewusstlose Mächte mit dem Menschen, der die eine der beiden Mächte selbst erzeugt hat, von der anderen selbst erzeugt wurde und als einziger über die Vernunft verfügt, diesen Kampf zu verstehen. Dieses Szenario einer romantisch-kybernetischen Vision zeigt: Wenn die Natur im Menschen die Augen aufschlägt, wie ein geflügeltes Wort lautet, das Schelling zugeschrieben wird,[78] hat KI jedenfalls das Potenzial, sie wieder zu schließen. Die kybernetische Einebnung der Unterschiede zwischen Natur und Technik, die sich bei Lovelock auch auf den Menschen erstreckt, macht es ihm unmöglich, andere als technische Lösungen für die Krise der Moderne zu suchen. Lösungen, die eine erneuerte praktische Vernunft anbietet. Denn die Krise der Natur und die Krise der Demokratie lassen sich nicht gegeneinander ausspielen, sondern nur zusammen lösen.

Lovelock versucht, wie zahlreiche andere zeitgenössische Denker, die ein neues »terrestrisches«[79] Denken einfordern, einen Ausweg aus den Sackgassen der Moderne zu finden. Sinnvolle Auswege aus diversen Sackgassen einseitiger Modernisierung werden ja auch gebraucht, dringender denn je. Doch indem er Mensch, Natur und Technik als grundsätzlich gleichartige Akteure in einem hybriden Netzwerk aus Technikwissenschaften und gesellschaftlichen Strukturen beschreibt, führt er nur in neue Sackgassen. Wenn das heute oft geforderte »neue Denken« die Unterschiede zwischen Bewusstsein und Vernunft auf der einen und Natur und Technik auf der anderen Seite einfach nivelliert, leistet es einen weiteren Beitrag zur andauernden reduktionistischen Kritik der Vernunft. Solches Denken kann keine Antwort auf die Frage nach der Legitimität der Macht und den Ursprung und die Kritik sozialer und politischer Normen und damit keine Orientierung in einer digitalisierten Welt geben. Es kann aber im Gegenteil dazu beitragen, den Weg in einen technokratischen Totalitarismus zu ebnen. Am Ende führen Denker wie Lovelock zwar zutreffend vor Augen, dass es sich bei KI um eine ungeheurere Macht handelt, die es mit der Macht der Natur aufnehmen kann. Sie verlieren aber aus den Augen, dass beide Mächte durch eine grundlegende Bewusstlosigkeit gekennzeichnet sind. Mythisches und romantisches Denken haben der Natur aufgrund ihres systemischen Wesens vielfach ein Bewusstsein unterstellt, das reine Metaphorik bleiben muss. Ebenso ist es mit der KI, an deren Wiege die Storyteller des Silicon Valley den kommenden Gott beschworen, den sie mit Hard-und Software entstehen sahen. »Rundum behütet von Maschinen voller Liebe und Güte« wie es im zitierten Gedicht Brautigans heißt – das muss ein naiver Wunschtraum bleiben, weil Maschinen zur Liebe und Fürsorge nicht in der Lage sein können. Naive Wunschträume können aber, gerade wenn sie so romantisch klingen, verheerende Wirkungen haben. Sowohl technologischer Solutionismus wie auch esoterisches Naturdenken enden mit dem Appell an eine überlegene bewusstlose Macht, sei es in Gestalt der Technik oder von »Mutter Erde«, die dem Menschen Rettung verspricht, in dem sie ihn von den Folgen seines eigenen Tuns erlöst. Der Mensch allein aber kann die Chancen und Risiken, die diese bewusstlosen Mächte bergen, erschließen. Ob er sie und vor allem sein eignes Schicksal steuern kann, hängt nicht zuletzt davon ab, ob er sie ebenso wie sich selbst richtig versteht.

Das neue Gewicht der Welt zeigt an, dass etwas grundsätzlich aus dem Lot gekommen ist. Und was für das Verhältnis von Biomasse und Technomasse gilt, gilt inzwischen ebenso im Reich der Daten. So wie wir das Leben auf der Erde scheinbar nur noch durch die Erzeugung von immer mehr Technomasse bewältigen können, so ist uns die moderne Welt nur noch in ihrer digitalen

Verdopplung zugänglich und verständlich. Immer größere Massen an Information entstehen dabei. Yotta ist das Präfix für die Quadrillion, das sind 10 hoch 24 oder aber eben eine Billion mal eine Billion. Bald wird die weltweite Datenmenge die Marke von einem Yottabyte überschreiten, das Problem ist, dass es über Yotta aktuell keine existierende Größe gibt. Die bisher vorhandenen, stammen fast alle von griechischen Begriffen des Monströsen ab, darunter *Giga* (Milliarde Bytes) vom Riesen und *Tera* (Billion Bytes) vom Ungeheuer. Man darf gespannt sein, welche Monster als Namensgeber für die nächsten notwendigen Größenangaben herangezogen werden. Das weltweite Datenaufkommen soll bis zum Jahr 2025 auf ganze hundertfünfundsiebzig Zettabytes (das ist eine einhundertfünfundsiebzig mit einundzwanzig Nullen) anwachsen. Zur Einordnung: Speicherte man diese Datenmenge auf herkömmliche DVDs, würde der Stapel mit Datenträgern dreiundzwanzigmal die Entfernung zwischen Erde und Mond übertreffen.[80]

Damit nicht genug: Bis zum Jahr 2025 steigt der Anteil von Echtzeitdaten auf dreißig Prozent, so Prognosen. Die Menschen werden bis dahin im Schnitt alle 18 Sekunden in irgendeiner Form mit Daten interagieren, sei es privat oder im beruflichen Umfeld. Auf der anderen Seite dieser Aktion: eine immer leistungsfähigere KI. Nach und nach entsteht so ein immer vollständigeres digitales Abbild der Welt, eine zweite digitale Datenwelt, die durch KI verwaltet und gesteuert wird. Wer die KI beherrscht, beherrscht diese virtuelle Welt und damit auch die wirkliche. Sagte Wladimir Putin. Und auch andere Autokraten haben längst die Chance entdeckt, die für ihre Ambitionen im Entwicklungsvorsprung Künstlicher Intelligenz liegt.

13 Keine Freiheit unter dem Himmel – die Philosophie des himmlischen Friedens

»Doch der Mann in einer heitren Regung
Fragte noch: ›Hat er was rausgekriegt?‹
Sprach der Knabe: ›Dass das weiche Wasser in Bewegung
Mit der Zeit den mächtigen Stein besiegt.
Du verstehst, das Harte unterliegt.‹«
Brecht, Legende von der Entstehung des Buches
Tao Te King auf dem Weg des Laotse in die Emigration.

Die neue Macht der digitalen Technologie realisiert sich in zwei Modellen, dem kalifornischen und dem chinesischen. Viele der Mechanismen sind vergleichbar: In beiden Modellen wird durch die Dynamiken, die sich durch Vernetzung und algorithmisch immer mehr beschleunigte Datenverarbeitung ergeben, wirtschaftliche und politische Dominanz angestrebt. Die Gesetze der Plattformökonomie funktionieren gleichermaßen nach den *Lock-in-* und den *Winner-takes-it-all*-Effekten und konzentrieren die Datenmacht. Und auch die Überwachung der Nutzer wird in beiden Modellen perfektioniert und dann ausgebaut. Dient sie im Kalifornischen Modell vorrangig der Überwachung und Manipulation von Konsumenten, so geht es in China um die Überwachung und Manipulation der (unfreien) Bürger. Sie münden beide in einen Universalitätsanspruch der Technologie, die am Ende mit dem Politischen verschmilzt. Die Herleitung des eigenen Machtanspruches unterscheidet sich allerdings.

Das chinesische Modell einer »neuen Weltordnung« ist von dem Philosophen Zhao Tingyang in seinem Buch *Alles unter dem Himmel. Vergangenheit und Zukunft der Weltordnung* in großer Klarheit dargelegt worden. Es tut dies durch einen Rückgriff auf die konfuzianische Tradition, die sich in seiner Lesart nahtlos mit den Dogmen der sich immer noch kommunistisch nennenden Partei verbinden. Zhao, von dem es heißt, seine Bücher lägen auf dem Nachttisch des Präsidenten Xi Jinpings, entwickelt nichts weniger als den neuen universellen Herrschaftsmythos des wirtschaftlich erstarkten China. Zhao will die chinesische »Erzählung« durch die »Theorie« des *Tianxia* neuformulieren und untermauern. Diese Theorie verdient Beachtung. Sie ist ein wesentlicher Schlüssel zum Verständnis der chinesischen Geopolitik. Die neue Weltordnung, die China auch mithilfe starker KI gestalten will, wird in diesem »politischen Ideal einer Weltordnung« beschrieben.[81] Diese imaginierte Weltordnung chinesischer Prägung weist Parallelen zum kalifornischen Modell einer Ordnung der Welt nach technologischen Prinzipien auf.

Im Zentrum von Zhaos Entwurf einer neuen Weltordnung steht der chinesische Begriff des *Tianxia*, was wörtlich »Unterm Himmel« bedeutet. Zhao übersetzt es mit »Alles unter dem Himmel« womit er sogleich den Universalisierungsanspruch seiner politischen Philosophie unterstreicht. *Tianxia* leitet sich von Tian ab, was Himmel bedeutet. Wir kennen den Begriff vom Tian'anmen Platz, dem Platz des himmlischen Friedens, der weltweit mit der brutalen Niederschlagung der Demokratiebewegung 1989 verbunden ist. Das Massaker an Protestierenden durch Panzer und Gewehre des Militärs wurde zum blutigen Symbol des Kampfes kommunistischer Systeme gegen die Demokratiebewegung. Im Sommer 1989 fürchteten auch die Aufständischen in der DDR die »chinesische Lösung«. Zhao will mit der Philosophie des himmlischen Friedens eine genuin chinesische Lösung der globalen Probleme entwickeln. Ihm geht es um eine neue Harmonie als Antwort auf die ungelösten Probleme und die andauernden Konflikte in der heutigen Welt, die in Zhaos Augen durch die westlichen Werte entstanden sind. Der Begriff des *Tianxia* soll als Alternative dazu »das politische Ideal« einer neuen Weltordnung chinesischer Prägung bilden. Zhao strebt nicht weniger an, als dieses Konzept zu »einem neuen Verständnis der Geschichte, von Institutionen und politischen Räumen, ja sogar zu einer Neudefinition des Politischen schlechthin«[82] zu entwickeln.

Die Ausgangslage, die der Philosoph beschreibt, erscheint allzu vertraut, sie besteht in einer grundsätzlichen Kritik der Moderne: »Die Absurdität besteht darin, dass die Moderne die Globalisierung in Gang gesetzt hat, sie aber unfähig ist, die dadurch ausgelösten Probleme zu lösen.«[83] Da ist es wieder, das paradoxe Grundmodell der Moderne. Insbesondere Technik und Kapital hätten eine Dynamik entfacht, die sie »zu Totengräbern der modernen Politik«[84] machen würden. »Technik und Kapital, in der Anwendung von Mitteln höchst rational, verhalten sich hinsichtlich ihrer Ziele höchst irrational.« Diese Irrationalität höchstmöglich entwickelter Rationalität in Gestalt einer entfesselten Technik und Ökonomie traut er zu, den höchst realen Weltuntergang herbeizuführen: »Der Zeitpunkt, wo der Mensch nahezu göttliche Fähigkeiten entwickelt, kann für die Menschheit der kritische Punkt der Katastrophe sein, d. h. der Weltuntergang ... Dieser Weltuntergang wäre das von der Menschheit über sich selbst verhängte Jüngste Gericht.«[85]

Ursache für dieses Schreckensszenario wäre also die Unfähigkeit der Moderne, die selbst entfachten Kräfte rationaler Weltbeherrschung ihrerseits zu beherrschen, nicht zuletzt, weil die moderne Technologie dazu treibt, sich der Kontrolle zu entziehen: »Die technologischen Möglichkeiten überschreiten die Selbstregulierungskräfte des Systems«.[86] Zhao meint damit das westliche System aus Individualismus und Liberalismus, er sieht deshalb ein neues Zeitalter der Weltpolitik jenseits von Nationalstaaten und Hegemonialstreben anbrechen. Aber leider auch jenseits von Freiheit und Demokratie, denen er jedoch keine Träne nachweint. Für das neue Weltalter sei das Denken einer »Inklusion der Welt« erforderlich, das kein Außen mehr kenne: »Das Prinzip des ›*Tianxia* kennt kein Außen‹ setzt apriorisch die Welt als politisches Ganzes voraus, (es) ... lässt damit die Begriffe des ›außenstehenden Fremden‹ und ›Feindes‹ verschwinden … Alle Staaten und Gebiete, die sich noch nicht dem *Tianxia* angeschlossen haben, sind eingeladen, der Ordnung der Koexistenz des *Tianxia* beizutreten.«[87] Als »Ende des Außen« lässt sich auch das Denken der Kalifornischen Ideologie in ihren Anfängen bezeichnen.[88] Was aber, wenn man die Einladung zu dieser vollständigen Inklusion ablehnt? Weil sie für Freiheit, aber auch für Menschwürde und Demokratie keinen Platz hat? Was, wenn die Mehrheit der Menschen sie ablehnen würde? Zhao weiß, dass das Akzeptanzproblem dieser Weltordnung groß sein könnte. Doch er glaubt ihre Attraktivität zeigen zu können, indem er sich zunächst gängiger Muster der Selbstkritik der Moderne bedient, wie sie im westlichen Denken in den vergangenen Jahrzehnten immer vorherrschender geworden sind. Daneben soll ein idealisierter Rückgriff auf die chinesische Geschichte für die Legitimität der neuen Weltordnung sorgen.

Zhao verfolgt die Entstehung des *Tianxia*-Konzepts bis in die Zhou Dynastie vor 3.000 Jahren zurück. Die Zhou besaßen damals einen Kleinstaat verglichen mit den Shang, die die ausgedehnte Hochebene Zentralchinas besiedelten. Sie verfügten über eine hoch entwickelte Landwirtschaft und Technologie und herrschten über ein Reich von einer Million Menschen. Dennoch wurden die Shang von den Zhou besiegt, die über deutlich weniger Soldaten, dafür über eine attraktivere Ordnungsidee verfügten. Nachdem sie die zahlenmäßig überlegenden Shang besiegt hatten, standen die Zhou laut Zhao vor dem Problem, die »Herrschaft der Kleinen über die Großen« sichern zu müssen. Sie setzen dabei auf die Attraktivität einer Ordnung, die *Allen unter dem Himmel*, also allen Bewohnern der chinesischen Hochebene Teilhabe zusagte, sofern sie sich dem neuen kooperativen System fügten. Der Kern der *Tianxia*-Lehre ist es, »mittels gemeinsamen Nutzens beziehungsweise gemeinsamer Nutzenteilhabe am Gesamtsystem den eigenen Nutzen« zu sichern. Die Zhou mussten mit anderen Worten, um die zahlenmäßig an Menschen überlegene alte Macht auf Dauer zu beherrschen »ein neues politisches System erfinden, eine Herrschaftsform, die wesentlich auf der Attraktivität des Systems statt auf militärischer Abschreckung beruhte – Systemüberlegenheit anstelle militärischer Autorität.«

Das kann man als Blaupause für die chinesischen Ambitionen unserer Tage lesen, auch wenn China derzeit die eigenen Machtambitionen zusätzlich durch eine unerhörte atomare Aufrüstung unterstreicht.[89] Den eigenen Bürgern wird Wohlstand geboten, wenn sie bereit sind, dafür auf individuelle Rechte zu verzichten, die chinesische Variante des kalifornischen Modells Bequemlichkeit gegen Autonomie, das sich laut Zhao global durchsetzen wird. *Alles unter dem Himmel läuft* auf eine moderne Form von *Jedem das Seine* hinaus. Nur: Wer bestimmt, was jedem zusteht? Jedenfalls keine Demokratie, kein Rechtsstaat, keine autonomen Bürger. Stattdessen soll dieses System seine Überlegenheit über den Individualismus und die Politik der Menschenrechte des Westens durch ein stetiges ökonomisches Wachstum entlang der Seidenstraße und schließlich seine globale »Systemüberlegenheit« durch ökonomische Vormacht beweisen.

Tianxia ist für Zhao ausdrücklich der historische Gegenentwurf zur griechischen Polis, die er als Begründer der westlichen Staatspolitik ansieht, während im *Tianxia* die gedanklichen Grundlagen einer Weltpolitik gelegt seien.[90] Dabei beansprucht das *Tianxia* ebenso wie das Christentum und andere Weltreligionen universelle Gültigkeit: »Ebenso wie das Christentum die göttliche Erlösung als eine allen Menschen befreiende Gottesgnade neu interpretierte, gab die Zhou-Dynastie, indem sie Tugendhaftigkeit zum ausschließlichen Auswahlkriterium erhob, dem von den Yin-Shang monopolisierten speziellen Himmelsmandat den Charakter eines für alle Menschen gleichermaßen gültigen universellen Himmelsmandats.«[91] Worin genau besteht dieses Himmelsmandat? Es gewährt allen, die bereit sind, sich harmonischen Ordnung zu fügen, Wohlstand und Sicherheit. Es betont die Notwendigkeit allgemeiner Regeln, in dem es »Koexistenz als Voraussetzung der Existenz«,[92] ja »Koexistenz als Daseinsprinzip«[93] ansieht. Auf Deutsch: Gemeinschaft geht vor Individualität. Deshalb befürwortet Zhao, das »Monopol individueller Rationalität ins Gegenteil (zu verkehren) und in ›relationale Rationalität‹ (zu) überführen«.[94]

Doch die neue Weltordnung weist jenseits aller beschworenen Universalität und Harmonie gewaltige Legitimitätsdefizite auf. Für Zhao besteht der wesentliche Unterschied des *Tianxia* gegenüber antiker Polis und Christentum im grundsätzlichen Vorrang des Allgemeinen vor dem Individuellen. Freiheit kommt in seiner neuen Weltordnung nicht vor. Sie wird wie Menschenrechte und Demokratie als bloßes ideologisches Kampfmittel des westlichen Imperialismus denunziert. Zum einen sei der Individualismus des Westens nicht fähig, eine dauerhafte friedliche Ordnung sicherzustellen, wie Zhao unter Berufung auf Carl Schmitts berüchtigte Definition des Politischen als Freund-Feind Konflikt belegen will.[95] »So geht die moderne Politik beispielsweise davon aus, dass die Demokratie universelle Gültigkeit besitzt. Würde man allerdings nationalstaatliche Demokratie zu einer Weltdemokratie aufwerten, wären vermutlich sämtliche entwickelten Länder dagegen.« Zhao, der dem Westen aufgrund seines Individualismus pauschal Unfähigkeit attestiert, das Allgemeine denken zu können,[96] wendet sich gegen die universellen Menschenrechte mit dem ideologiekritischen Argument, diese verschleierten nur Machtambitionen. Er radikalisiert diese Behauptung derart, dass, wie im reduktionistischen Denken üblich, Menschenrechte am Ende »nichts anderes« als verkappte Herrschaftsansprüche zu sein scheinen. Dass die universellen Menschenrechte in der Philosophie der Aufklärung als vornehmste Forderung der menschlichen Vernunft entwickelt wurden, kommt ihm nicht in den Sinn. Er teilt die Ablehnung solcher universeller Werte mit dem aktuellen postmodernen und postkolonialistischen Denken im Westen und formuliert noch schärfer: »Die von der politischen Philosophie der Moderne propagierten Werte und Systeme gelten nur für die diskriminierenden Bedingungen der Nationalstaaten, ihre Übertragung auf ein globales System hätte katastrophale Auswirkungen.«[97] Zhao übersieht hier offenbar bewusst, dass schon bei Kant Rechtsstaatlichkeit die oberste Leitlinie der Politik nicht nur nach innen, sondern auch nach außen ist: Sie führt zum Völkerrecht, das die Basis des friedlichen Zusammenlebens der Nationen ist. Kant schreibt: *Salus rei publicae suprema lex est: Die Sicherheit des Staates besteht im höchsten Recht.*[98] Das gilt für ihn auch für die Völkergemeinschaft, den »weltbürgerlichen Zustand«, der Kant zufolge in einer »allgemein das Recht verwaltenden bürgerlichen Gesellschaft«[99] im Weltmaßstab realisiert werden muss. In seiner Schrift *Zum ewigen Frieden* hat Kant das Zeitalter der Globalisierung bereits beschrieben, in dem »eine Rechtsverletzung an einem Ort der Erde an allen anderen gefühlt« werde. Das führt ihn zur Forderung, dass eine verbindliche Rechtsordnung auch zwischen den Staaten zu schaffen sei. Schon der Völkerbund berief sich deshalb bei seiner Gründung ausdrücklich auf Kant. Doch für Zhao sind die Institutionen der Weltgemeinschaft zum Scheitern verurteilt, gerade weil sie sich den Werten der individuellen Freiheit, der Demokratie und den Menschenrechten verpflichtet fühlen: »Nach wie vor sind die Vereinten Nationen auf »Internationalität« beschränkt und unfähig, »gesamtweltlich« zu agieren ... Es handelt sich um ein System, das versucht, nackte Gewalt in Tauschgeschäfte umzuwandeln.«[100] Ob Zhao Kant wissentlich falsch deutet oder nicht, ist unerheblich. Tatsache ist, dass er universelle Menschenrechte auf »nackte Gewalt« reduziert. Damit zeigt er, dass er individuelle Freiheit und allgemeine Ordnung nicht zusammendenkt. Er übersieht, dass das Prinzip des kategorischen Imperativs, das darauf abzielt, die subjektiven Handlungsmaximen so zu universalisieren, dass sie zur Grundlage eines allgemeinen Gesetzes werden können, eben die Formel für Rechtsstaatlichkeit im Weltmaßstab enthält. Mit ihr kann Autonomie zur Grundlage einer globalen Rechtsordnung werden, anstatt wie bei Zhaos Entwurf einer »neuen Weltordnung«

am Ende für die Heteronomie bloßer Systemimperative Platz zu machen.

Warum westliche Politiker, die bei ihren Staatsbesuchen in Peking Mantra förmig die Lage der Menschenrechte beklagen, dabei in meist freundliche, aber absolut gleichgültige Gesichter blicken, wird durch Zhaos Interpretation der westlichen Werte als reine Ideologie imperialistischer Ambitionen verständlich: Der Westen, seiner Lesart zufolge aufgrund seines Individualismus und seiner fehlenden Inklusivität nur zu Streit und Kriegen fähig, führt die Menschenrechte nur ins Feld, um sich in die souveränen Angelegenheiten von Staaten einzumischen und diese dadurch dem eigenen Herrschaftsbereich einzuverleiben. Das Konzept der Menschenrechte ist laut Zhao eine »Erfindung«, die einzig dazu dient, den westlichen oder amerikanischen Imperialismus zu bemänteln. Die ständigen Forderungen nach Einhaltung der Menschenrechte dienen in seinen Augen lediglich dazu, sich in die Politik souveräner Staaten von außen einzumischen, um sie zu schwächen und am Ende zu erobern.

Souveränität von Individuen diskutiert Zhao nicht. Dann könnte er zu einem Konzept von Autonomie kommen, das auf der gegenseitigen freien Anerkennung beruht. Von Individuen wie von Staaten. Die beide dazu einer bindenden Rechtsordnung bedürfen, die auf universellen Werten beruht. Eine solche Rechtsordnung ist durch wechselseitige Anerkennung entstanden und hat die Sicherung der Menschenwürde und der friedlichen Beziehung zwischen Staaten zum Ziel. Wenn die Menschenrechte eine Herrschaftsstrategie beinhalten, dann haben sie die Herrschaft des Rechts zum Ziel, die einzig vernünftige Alternative zur Herrschaft der schieren Macht. Dass Rechtsstaatlichkeit und Demokratie die Konsequenzen der Erklärung der Menschenrechte sind, und auf diesen basieren, blendet Zhao aus. Ebenso, dass auf der Rechtsstaatlichkeit souveräner Staaten das Völkerrecht aufbaut, das den Rahmen für eine internationale Staatenordnung bildet. In dieser müssen sich dann alle Souveräne auf die Einhaltung der gemeinsamen geteilten Werte, allen voran der Achtung der Menschenrechte, verpflichten lassen.

Zhao erklärt den westlichen Individualismus und Egoismus zur einzig wahren Quelle der Menschenrechte und denunziert sie damit. Den Egoismus macht er für die anhaltenden Verteilungskämpfe, Konflikte und Kriege verantwortlich, innerhalb der Gesellschaften selbst und auch zwischen den Staaten. Denn diese verhalten sich ihm zufolge ebenso selbstbezogen wie die Individuen, da sie von westlichen Werten bestimmt werden. »Dass durch politische Entitäten wie Individuum, Nation, Staat, Religion definierte Logiken nicht in der Lage sind, eine Weltordnung allgemeiner Teilhabe zu entwickeln und Probleme im Weltmaßstab zu lösen«,[101] steht für ihn fest. Den Westen sieht Zhao deshalb in der Ego-Falle sitzen, aus der er selbst nicht herausfindet, weil er dafür ein Prinzip des Allgemeinen anerkennen müsste, das ihm aber aufgrund seiner radikalen Orientierung am Individualismus fehle. Demgegenüber kann sich die chinesische Führung in seiner Darstellung auf der Gewinnerseite der Geschichte fühlen: versucht sie doch nichts weniger, als die Systemüberlegenheit der Himmelsherrschaft durch nach seinen Worten sanftes, aber unnachgiebiges Tun umzusetzen. Das System ist dabei strikt hierarchisch aufgebaut. Nur so kann der Unordnung begegnet werden, die die Nationalstaaten verursachen, die sich wie egoistische Individuen verhalten. Im Konfuzianismus gibt es die Figur des gütigen weisen Herrschers, der ein Charisma ausstrahlt, das ihn unwiderstehlich attraktiv macht. Und ihn für seine Herrschaftsausübung hinreichend legitimiert. Mit der Herrschaft des Himmels, ausgeübt durch den Himmelssohn, propagiert Zhao eine Systemherrschaft, hinter deren vordergründig harmonischer asiatischer Fassade das ungelöste Problem der Legitimation von Macht erscheint. Wenn die Macht einzig dadurch legitimiert wird, dass sie den Krieg aller (Staaten) gegen alle beendet, verfehlt sie das Ziel, den Bürgern einen verlässlichen Rechtsrahmen zu geben, der ihre individuelle Freiheit sichert. Zhao geht noch einen Schritt weiter und verschmilzt Kommunismus und Konfuzianismus zu einer Staatsphilosophie, die individuelle Freiheit für einen Systemfehler des Westens hält. Legitimiert wird diese politische Vision durch einen verklärten Blick auf eine nationale Vergangenheit, über die man zu wenig weiß, um beurteilen zu können, ob Zhaos Idealisierung ihr gerecht wird. Zweifel sind erlaubt. Zumindest sind sie es im westlichen individualistischen Denken, in dem die Kritik ein fester Bestandteil jedes validen Vernunftkonzeptes sein sollte.

Zhao begreift die »Welt als politisches Subjekt«,[102] offenbar mit der kommunistischen Partei Chinas als dessen Kopf. Die Metapher des »politischen Subjekts« soll dem übergeordneten System des *Tianxia* intelligente und überlegene Züge zu verleihen. Hier hat es Ähnlichkeiten mit der *Gaia*-Hypothese Lovelocks. Welche Rolle spielt in diesem Szenario die Technologie, vor allem die digitale Zukunftstechnik der Künstlichen Intelligenz? Eine – neben dem Kapital – entscheidende. Allerdings beschreibt sie Zhao auch ambivalent: Die Technologie kann laut Zhao verbunden mit den entfesselten Kräften des Kapitals zum Weltuntergang führen, wenn sie dem falschen System dient. Dient sie dem westlichen Individualismus, verschärft sie soziale und politische Konflikte und zudem die Zerstörung der Umwelt. Umso drängender wird die Errichtung einer neuen Weltordnung, die sich am chinesischen Modell ausrichten soll. Nur sie kann in dieser neuen Weltordnung die Entwicklung der Technologie kontrollieren. Die Nationalstaaten müssten dann die Freiheit ihrer Bürger radikal beschneiden und ihre Macht schrittweise auf das überlegene Himmelssystem übertragen. Die Umerziehungslager für die Uiguren, in denen die Angehörigen einer ethnischen und religiösen Minderheit durch Gehirnwäsche von den Vorzügen des überlegenen chinesischen Systems überzeugt werden, geben einen Einblick, wie und mit welchen Mitteln diese Harmonie mit der chinesischen Methode hergestellt werden könnte.

Zensur, Einschränkung der Meinungsfreiheit, Internierung

von Minderheiten und der Verzicht auf Rechtsstaatlichkeit sind für Zhao in seiner Begeisterung für eine »inklusive Ordnung« keiner Erwähnung wert, gilt es doch, ein »überlegenes« politisches System zu entwerfen. Die ständige Betonung der vermeintlichen Überlegenheit dieses Systems erinnert an die Beschwörungsformeln, mit denen im Silicon Valley die gottgleiche Überlegenheit der Künstlichen Superintelligenz beschworen wird. Sie erweist sich als durchsichtiges Manöver, um einem abstrakten Allgemeinen, dass in seinem Herrschaftsanspruch die Freiheit und die Würde des einzelnen Menschen als *Quantité négligable* ansieht, zu legitimieren. Das entfesselte, durch digitale Technologien getriebenes Wachstum des chinesischen Staatskapitalismus soll Wohlstand für alle versprechen, seine allein dadurch erzeugte Attraktivität soll zusätzlich durch die gütige Ambition einer Weltfriedensmacht ausstrahlen, die diesem Anspruch allerdings derzeit durch eine Hochrüstung mit atomaren Interkontinentalraketen unterstreicht. Kritik an diesem System ist nicht erwünscht. Dass Rationalität immer auch Kritik bedeutet, vor allem Selbstkritik, spielt in Zhaos Überlegungen keine Rolle. Dafür erfüllen sie die Vorgabe, die Staats- und Parteichef Xi Jinping ausgegeben hat und die darin besteht, »der Welt Chinas Geschichte gut zu erzählen.« Auch bei der Betonung des guten Narrativs können wir Übereinstimmung mit den Kalifornischen Technojüngern erkennen. Der eigenen Behauptung, von der Unvermeidbarkeit des eigenen Aufstiegs, scheint man in beiden Fällen nicht ganz zu trauen. Deshalb ist in China wie in Kalifornien ein gutes Storytelling ein zentrales Element, um Attraktivität und Akzeptanz des eigenen Herrschaftsanspruches zu untermauern. Deshalb ist die jeweilige Ideologie ein eigenes Machtmittel, von dem der Erfolg der eigenen Mission maßgeblich abhängt.[103]

Zhao, der oberste Weise am kommunistisch-kaiserlichen Hof, wie ihn die ZEIT nannte, muss ernst genommen und gelesen werden. Es ist wichtig, im chinesischen Narrativ, das er und ein ganzer Apparat staatlicher Propaganda dem Kalifornischen Narrativ der Erlösung der Welt durch Technik an die Seite stellen, einen Angriff auf die Freiheit, die Demokratie und die Menschenwürde zu erkennen. Ein Angriff, der feinsinnig argumentiert und sich im reichhaltigen Arsenal westlicher Vernunftkritik kenntnisreich bedient. Seine Abrechnung mit dem Westen fügt sich in die andauernde radikale Selbstkritik des Westens klug und geschmeidig ein. Er radikalisiert geschickt die Selbstkritik des Liberalismus, dem er den eigenen chinesischen Weg entgegenstellt. Eine völlig inklusive »Welt ohne außen«, soll das Herrschaftssystem, das einst die chinesische Hochebene einte, über die ganze Welt ausbreiten. An der Spitze, der Himmelssohn, der sich in seiner heutigen Gestalt selbst gerne als »Führer des Volkes« bezeichnet.

Auch wenn dieses Modell letztlich nicht überzeugen kann, bleibt Zhaos Frage bestehen: Warum ist die Moderne scheinbar nicht in der Lage, die Probleme, die sie durch die Globalisierung von Technologie und Wirtschaft geschaffen hat, mit eigenen Mitteln zu lösen? Zhao versucht, den Eindruck zu erwecken, dass sie dazu grundsätzlich nicht in der Lage ist, und rennt damit bei den routinemäßig vernunftkritischen westlichen Intellektuellen offene Türen ein. Ausgerechnet in Frankreich, dem Land der gleichnamigen Revolution, die einst Freiheit, Gleichheit und Brüderlichkeit auf ihre Fahne geschrieben hatte, wurde er zum neuen Star der Philosophie ausgerufen. Als »Philosoph einer inklusiven Utopie« bezeichnete ihn *Le Monde. Nouveau Magazine Littéraire* wählte ihn zu einem der 35 einflussreichsten Denker der Welt.

So zeigt sich durch Zhaos Entwurf einer neuen Weltordnung vor allem einmal mehr, dass hinter dem Paradox des Digitalen das Paradox der Moderne steht. Und dahinter das Paradox der Vernunft. Gegen Fukuyamas These vom »Ende der Geschichte« erklärt Zhao trotzig: »Die Moderne geht ihrem Ende zu, nicht die Geschichte.«[104] Und mit der Moderne auch ihre Vorstellungen einer vernünftigen Freiheit. Warum ist das Zutrauen in die orientierende Kraft vernünftigen Denkens so gering, dass heute zunehmend auf technologische oder politische Großsysteme statt auf die Vernunft gesetzt wird, wenn die Probleme der Moderne auf der Agenda stehen?

Warum sind Freiheit, Demokratie und Menschenrechte so sehr in die Defensive geraten? Es ist naheliegend, dass dies mit einer unheilvollen Verkürzung des Vernunftkonzeptes zu tun hat, die dieselbe Vernunft, die die Modernisierung erst ermöglicht und dann angetrieben hat, durch eine radikalisierte Kritik um das Potenzial bringt, das sie braucht, um soziale und politische Normen zu begründen, die auch in der globalisierten Welt für eine friedliche und gerechte Ordnung sorgen können. Ironischerweise erfolgte diese radikale Verkürzung der Vernunft durch das, was die Vernunft vom Anfang an im höchsten Maße auszeichnet: Ihre Fähigkeit zur Selbstkritik. Resultat der andauernden und immer radikaleren Selbstkritik ist schließlich die Selbstverzwergung der Vernunft, an deren Ende eine dezentrierte funktionalistische Rationalität steht. Die Tendenz zu dieser Entwicklung hat die Aufklärung der Vernunft immer begleitet, sie hat sich aber just zu dem Zeitpunkt verstärkt, wo Ab- und Erlösung des Menschen durch eine eigene Schöpfung möglich scheinen.

14 Der gekränkte Mensch

»Was bedeutet Nihilismus?
Daß die obersten Werte sich entwerten.
Es fehlt das Ziel. Es fehlt die Antwort auf das ›Wozu?‹«
Friedrich Nietzsche

1917 schreibt Sigmund Freud einen Text, mit dem er sich Luft verschaffen will: *Eine Schwierigkeit der Psychoanalyse*[105] handelt von den Gründen für die zahlreichen Akzeptanzprobleme, mit denen sich ihr Entdecker konfrontiert sah. Und diese Probleme waren massiv. Heute könnte man fast sagen, Freud befand sich, nachdem er die Grundannahmen der Psychoanalyse veröffentlicht hatte, mitten in einem veritablen Shitstorm – auch wenn der Erfinder des Begriffes »anale Phase« dieses Sprachbild wahrscheinlich zurückgewiesen hätte. Die Gründe für die öffentliche Ablehnung, die seiner Lehre entgegenschlägt, sieht er darin, »dass durch den Inhalt der Lehre starke Gefühle der Menschheit verletzt worden sind.«

Sigmund Freud stapelt in seinem Text nicht tief: Er stellt die von ihm entwickelte Psychoanalyse in eine Reihe mit den großen Entdeckungen der Menschheitsgeschichte, die wie diese eine Kränkung des Menschen darstelle und deshalb auf Ablehnung stieße. So habe Kopernikus mit seiner Entdeckung, dass die Erde nicht der Mittelpunkt des Weltalls ist, der Menschheit die Illusion geraubt, das Zentrum des Universums zu bewohnen, nach dem sich alles andere ausrichte. Darwins Lehre von der Abstammung des Menschen vom Affen habe die Sonderstellung des Menschen als Abbild Gottes und Krone der Schöpfung beseitigt. Als Drittes schließlich habe die Psychoanalyse dem Menschen die Illusion genommen, dass sein bewusster Wille das Seelenleben steuere. Stattdessen seien es das Unbewusste, die Triebe, die dunklen Leidenschaften, die ihn beherrschten. Die Konsequenz aus den

Entdeckungen der Psychoanalyse laute deshalb, der Mensch sei nicht mehr Herr im eigenen Haus. Derart gekränkt, lehne der Mensch die neue Lehre rundweg ab. Der Arzt Freud empfindet erstaunlicherweise einen gewissen Stolz, dass seine Entdeckung die Menschen kränkt, anstatt sie zu heilen, zeigt ihm dies doch die Höhe und die Richtigkeit seiner Erfindung an. Freud selbst war anscheinend durch die schroffe Zurückweisung seiner Thesen nicht ohne Kränkung geblieben.

Das Bild von den Kränkungen des Menschen durch bahnbrechende Entdeckungen ist inzwischen zum populärwissenschaftlichen Allgemeinplatz geworden. Dabei wird der Grad der Kränkung zum Indikator für die Richtigkeit und Überlegenheit der neuen Entdeckung stilisiert, die Empörung, die eine Entdeckung auslöst zum Gradmesser ihrer Wahrhaftigkeit. So als sei der Mensch aufgrund eines angeborenen narzisstischen Größenwahns nicht in der Lage, die Tragweite eigener Entdeckungen zu verkraften. Inzwischen sind bis zu zehn weitere Kränkungen verkündet worden, die populärsten sind die ökologische (der Mensch ist Teil der Biosphäre und nicht ihr Herr) und die digitale Kränkung, die wahlweise den Abschied vom freiheitstiftenden Internet nach den Enthüllungen Edward Snowdens oder die Kränkung durch eine Künstliche Intelligenz bezeichnen soll, die der des Menschen überlegen ist. Auch in der Soziologie gibt es die modische Metapher der Kränkung des Menschen: sei es, dass er in Wahrheit nur Produkt seiner Umwelt (der sozialen Konstruktionen) sei, sei es, dass auch die Kommunikation an sich dezentriert wird (nicht der Mensch kommuniziert, die Kommunikation kommuniziert), sei es, dass mit den Unterschieden zwischen Natur und Kultur auch die zwischen Menschen, Tieren und anderen nicht menschlichen Akteuren wie Algorithmen kassiert werden sollen. Die Reihe der Kränkungen scheint noch nicht zu Ende und mit ihr die Stereotype antihumanistischer Rhetorik.

Die Aussicht auf eine überlegene KI führt in dieser Logik zu einer Kränkung unseres Selbstbildes, die wir aus diesem Grund –

ebenso verständlich wie aussichtslos – abwehren. Kommt also die überlegene KI so sicher wie das Amen in der Kirche, weil sie sich wie die anderen historischen Kränkungen trotz allen Schmollens des Menschen einfach als überlegene wissenschaftliche Wahrheit herausstellt? Wird die Kritik an der »überlegenen KI« nur aus verletzter Eitelkeit geübt? Erfährt der Mensch lediglich eine Kränkung und nicht einen realen Machtverlust, wenn seine Ratio durch Algorithmen ersetzt wird? Der Mensch würde sich, wenn diese Deutung zuträfe, deshalb ständig mit noch besserer Technik umgeben, um weitere Kränkungen erleben zu können.

Das Grundmuster dieser Denkfiguren, die als Kränkungen wirken sollen, ist die Reduktion: Der Mensch ist »nichts anderes als…« Mit ihnen werden wahlweise Gedanken als bloße Funktionen elektrochemischer Prozesse des Gehirns, der freie Wille als nachträgliche Täuschung des Bewusstseins, und die Freiheit als nachträgliche Illusion eines determinierten Wesens »erklärt«, indem sie auf etwas zugrunde Liegendes reduziert werden. Der Mensch verliert durch diese Reduktion sein Steuerungs- und Kontrollprimat, wird als Akteur und Autor seines eigenen Lebens abgewickelt. Und damit tatsächlich in gewisser Weise gekränkt, weil diese reduktionistische Bild nicht seinem vollen Potenzial und im Übrigen auch nicht der Wahrheit entspricht.

Dennoch ist das Bild des gekränkten Menschen in unserer Kultur enorm wirkmächtig. Es begleitet die Dezentrierung der Vernunft, die Ablösung des viele Jahrhunderte vorherrschenden rationalistischen Weltbildes durch ein irrationales. Diese Ablösung trieb vor allem ein philosophischer Griesgram voran, der den neuen Zeitgeist schon sehr früh wirkmächtig formulierte und der nicht zuletzt Sigmund Freud stark beeinflusste. Etwa hundertfünfzig Jahre bevor die erste Aufnahme der Erde aus dem Weltall dem Menschen die neue Perspektive aus dem All auf seinen verletzlichen Heimatplaneten erlaubte, und damit die Geburtsstunde des planetarischen Bewusstseins gelegt wurde, blickte Arthur Schopenhauer in der ihm eigenen Art auf den Planeten und das

Leben, das er hervorgebracht hat: »Im unendlichen Raum zahllose leuchtende Kugeln, um jede von welchen etwan ein Dutzend kleinerer, beleuchteter sich wälzt, die inwändig heiß, mit erstarrter, kalter Rinde überzogen sind, auf der ein Schimmelüberzug lebende und erkennende Wesen erzeugt hat: – dies ist die empirische Wahrheit, das Reale, die Welt.«[106]

Die Erkenntnis und damit die Vernunft, so Schopenhauer, sind nur Epiphänomene des blinden Willens, Werkzeuge des Menschen, der damit um sein Überleben in einer ziellosen, durch und durch unvernünftigen Welt kämpft. Das Leben auf dem Planeten ein Schimmelüberzug, der den Menschen erzeugt hat: der Mensch – Schaumkrone des Schimmels statt Krone der Schöpfung. Die Vernunft reduziert Schopenhauer auf ein subjektives und rein funktionales Vermögen. Sie taugt nicht mehr zum Erkennen des Wirklichen, sondern dient dem schieren Überleben in einer vernunftlosen und feindlichen Welt. Das immer wieder neu zu enthüllen, gilt fortan als Meisterstück der Selbstkritik des Menschen und seiner Vernunft.

Nietzsche hat, als dessen geistiger Zögling, Schopenhauers Schimmelbild des Lebens radikalisiert und die Dezentrierung des Menschen auf die Vernunft und die Möglichkeit von Erkenntnis überhaupt ausgedehnt: »*In irgend einem abgelegenen Winkel des in zahllosen Sonnensystemen flimmernd ausgegossenen Weltalls gab es einmal ein Gestirn, auf dem kluge Thiere das Erkennen erfanden. Es war die hochmüthigste und verlogenste Minute der ›Weltgeschichte‹: aber doch nur eine Minute. Nach wenigen Athemzügen der Natur erstarrte das Gestirn, und die klugen Thiere mussten sterben.*« Erkenntnis ist für Nietzsche nicht mehr möglich, sie ist ihm zufolge eine notwendige Illusion, um das elende Dasein erträglich zu machen. Wahrheit ist unmöglich, Erkennen seinem Wesen nach Täuschung. Nietzsche wird durch diese radikalisierte Erkenntniskritik zum Begründer der *Post-truth*-Philosophie. Denn er setzt die Axt der Kritik an den Wurzeln der Vernunft selbst an, indem er die Kritik auf das Erkenntnisvermögen selbst bezieht und diese radikalisiert. Die Vernunft ist dann nichts anderes als »Wille zur Macht«. Die Folge ist, dass dann keine Kriterien mehr zur Verfügung stehen, um etwa begründete von unbegründeter Kritik oder auch legitime Herrschaft von nicht legitimer zu unterscheiden. Es gibt dann keine legitime Machtausübung mehr, sondern die jeweils stärkste Macht drückt den anderen ihren Willen auf. Übersehen wird dabei, dass die Vernunft, wenn sie vernünftig ist, selbst kritisch ist, und damit auch demütig sein kann, ohne dass sie gleich ganz verworfen wird. Und dass auch der Prediger des Unvernünftigen sich vernünftiger Argumente bedient, will er mit seinen Thesen überzeugen. Dennoch: In der radikalen Vernunftkritik, die sich selbst nicht scheut, ganz unvernünftig aufzutreten, weil sie damit scheinbar der als unvernünftig postulierten Realität gerechter wird, wird mit ihr zuerst die Vernunft, und dann das Erkenntnissubjekt dezentriert. Das postmoderne Denken hat sich dieser radikalen Selbstkritik weidlich bedient,[107] und die selbsterzeugte Paradoxie, die aus diesen performativen Widersprüchen entsteht, in Kauf genommen, inklusive der Folge eines weitreichenden Relativismus, der die universellen Werte der Aufklärung glaubt hinter sich lassen zu können. Es ist damit zur reinen Geste einer Kritik geschrumpft, die keinerlei konstruktive und universalistische Auswege mehr aufzeigen kann. Nietzsche, der den Nihilismus erkannte und überwinden wollte, wird damit selbst zum Urvater des zeitgenössischen Nihilismus, der strikt relativistisch »oberste Werte« generell in Abrede stellt. Er hat das Muster für die Selbstaufhebung der Kritik geliefert, die in eine Selbstverleugnung der Vernunft mündet. »Wenn wir in eine Sackgasse geraten, drehen wir um und suchen nach der Stelle, an der wir falsch abgebogen sind« schreibt Stuart Russel und schlägt eine Abkehr vom Standard-Modell der KI vor. Er fordert, es durch ein besseres, weil am Menschen ausgerichtetes Modell zu ersetzen. Nietzsches Erkenntniskritik markiert die Stelle, an der das Denken falsch abgebogen ist. Und auch aus der Sackgasse des Relativismus und des Irrationalismus gibt es Auswege.

Kommen wir zunächst zurück zu Freud, dem Urheber der so erfolgreichen Kränkungsmetapher. Er glaubte, der Widerstand, den seine Thesen von der Macht des Unbewussten auslösten, würden die Eitelkeit der ganzen Menschheit verletzen, weil eben das Ich nun nicht mehr Herr im eigenen Haus sei. »Kein Wunder daher, dass das Ich der Psychoanalyse nicht seine Gunst zuwendet und ihr hartnäckig den Glauben verweigert.« Kritik wird somit unmöglich, sie ist ja nur Ausdruck einer Kränkung. Aber warum sollte der wissenschaftliche Fortschritt den Menschen grundsätzlich kränken und nicht vielmehr bereichern? Warum sollten wir neuen Erkenntnissen glauben, anstatt sie zu nachprüfbarem Wissen zu machen?

Es gibt noch eine andere Erklärung für das Gefühl, dass KI dem Menschen eine weitere Demütigung zufügt. Sie geht aus von Hans Jonas' Analyse der technischen Welt. Hans Jonas beschreibt den modernen Menschen als entfesselten Prometheus, dem Wissenschaft und Technik ungeahnte Kräfte verleihen.[108] Er fordert eine ebenso dynamische und entschlossene Ethik des technischen Zeitalters, weil nur so katastrophale Fehlentwicklungen verhindert werden können, die durch die räumlich wie zeitlich enormen Fernwirkungen technischen Handelns entstehen. Günter Anders sprach von der prometheischen Scham des Menschen angesichts der Perfektion seiner eigenen Schöpfung, der Technik. Vielleicht beruht diese prometheische Scham auf der Scham, aus der göttlichen Gabe des Feuers nur den technisch wissenschaftlichen Fortschritt entfacht zu haben, den moralische Fortschritt aber sträflich vernachlässigt zu haben, weil er scheinbar weniger Nutzen verspricht. Möglicherweise wurde in der Moderne zu wenig Anstrengung in die Weiterentwicklung von Moral und Politik investiert, die mit dem Tempo wissenschaftlichen Fortschrittes mithalten können.

Die Gefahr einer KI, die außer Kontrolle geraten könnte, macht diesen Mangel schmerzhaft deutlich. Sie zeigt, dass wir eine Ethik und eine Politik für das Zeitalter der KI brauchen, die den neuen Herausforderungen gewachsen sind. Ihre Grundlagen sollten nicht Rückzugsgefechte gegen eine »überlegene« KI sein, die dem Menschen nur noch Abgrenzungsdefinitionen erlauben. Sie müssen vielmehr auf der alten Vorstellung einer Einheit der Vernunft begründet sein, die erkennt, dass eine hoch entwickelte Technik eine hoch entwickelte moralische und politische Vernunft erfordert. Beide, Wissenschaft und Ethik, gehören zur menschlichen Vernunft, sind vom menschlichen Denken hervorgebracht und deshalb auch dem menschlichen Denken zugänglich. Sie sind für Kritik und für eine zeitgemäße Weiterentwicklung offen und empfänglich. Es ist an der Zeit, eine *Homodizee*, eine Rechtfertigung des Menschen angesichts der Künstlichen Hyperintelligenz, an die Stelle derartiger Selbstdemütigungen und Rückzugsgefechte zu setzen. Denn die Schwächen der KI liegen in ihren Grenzen zur Selbstreflexion und vor allen darin, dass sie diese Grenzen nicht erkennen kann. Die Schwäche des heutigen Menschen besteht darin, dass er sich eine Kontrolle der eigenen Technik durch vernünftige Mittel nur noch schwer vorstellen kann. Hinter der Krise des Menschen steht dabei die Krise der Vernunft, die selbst Resultat des Rationalisierungsprozesses der Moderne ist.

Der Angriff auf die Vernunft ist aber immer zugleich ein Angriff auf die freie Selbstbestimmung. Wir sollten erwägen, die Vernunft unter Bestandsschutz zu stellen. Auch sie ist eine endliche und immens kostbare Ressource, sie ist durch KI-Algorithmen akut bedroht. Ihr nachhaltiger Fortbestand hängt einzig von ihrem regen Gebrauch ab – durch die vernunftbegabten Menschen.

15 Kommen wir zur Vernunft

»Es ist überhaupt für jeden Menschen das Beste, sich vom Göttlichen und Vernünftigen beherrschen zu lassen, und zwar am allerbesten so, dass er es als Besitz in seiner Seele hat, im anderen Falle aber, dass es als Gebieter von außen ihm vorgesetzt ist, auf dass wir alle insgesamt so viel als möglich gleich und befreundet leben, indem wir uns durch ein und dasselbe lenken und leiten lassen.«
Platon, Politeia IX 588c-590d

Wenn wir zur Vernunft kommen, machen wir mit ihr, wie schon mit dem Digitalen, erneut eine paradoxe Erfahrung: Sie ist einerseits immer schon da, in Form von Überlieferungen, Regeln, vor allem aber: Sprache. Anderseits kann sie nur existieren, wenn sie von uns aus freien Stücken angenommen und eingesetzt wird, um unsere Welt zu verstehen, uns mit anderen zu verständigen und gemeinsam zu gestalten. Vor allem machen wir die Erfahrung, dass immer dort, wo Vernunft ist, auch Kritik nicht weit ist. Auch und gerade Kritik der Vernunft, in aller Regel ausgeübt durch diese Vernunft selbst. Die Fähigkeit zur Kritik, die auch die Selbstkritik einschließt, ist eins der herausstechenden Strukturmerkmale der Vernunft.

Diese Grundstruktur ist im Träger der Vernunft angelegt, dem selbstbewussten Menschen. Vernünftig ist es deshalb zuallererst, klar zu erkennen, dass KI keine Vernunft besitzt, denn Kritik, das heißt, vernünftiges Unterscheidungsvermögen, ist ihr strukturell ebenso unmöglich, wie ein bewusstes und freies Selbstverhältnis. Es macht keinen Sinn, Maschinen, die in der Lage sind, in Bruchteilen von Sekunden noch so viele Symbole zu verschieben, deshalb vernünftiges Denken zu unterstellen. Blicken wir hinter den digitalen Spiegel, hinter die Schaltkreise und Chips, sehen wir, dass niemand da ist, der denkt. KI kann kein Bewusstsein entwickeln, weil ihr die Leiblichkeit und die Weltverbundenheit, mit einem Wort die Lebendigkeit fehlt. Sie macht keine Erfahrung, während ihre Prozessoren rastlos arbeiten. Die Vernunft dagegen fühlt, dass sie denkt, und kann auch das fühlende Wahrnehmen der Welt durch den Denkenden selbst reflektieren. Denn sie bleibt an ein Bewusstsein gebunden, das bewusste Zustände erlebt, in denen es ein unmittelbares Wissen von sich selbst hat.[109] Diese spezifische Qualität des Bewusstseins hat Thomas Nagel in seinem zitierten Aufsatz hervorgehoben, sie ist die entscheidende Voraussetzung für Autonomie und ethisches Verhalten.

Inzwischen wird von Tech-Giganten wie Facebook das Konzept eines sogenannten Metaversums entwickelt. Marc Zuckerberg selbst erklärte, das Soziale Netzwerk dazu umbauen zu wollen. Mit Metaversum ist ein virtueller Raum gemeint, der aus zahllosen 3-D-Welten besteht, die ihrerseits zu einem virtuellen Universum verbunden werden. Physische Realität und virtuelle Welten sollen dabei zu einer neuen Realität verschmelzen – in denen dann natürlich Facebook die Regeln bestimmt. Doch was wie ein Paradies für Gamer klingt, wirkt auf andere zurecht wie eine Horrorvision, in der KI Regie führt. Denn KI bringt mit noch so großen Datenmengen und noch so »intelligenten« Algorithmen nur eine Parallelwelt hervor, ein Pseudoversum, eine weltlose Scheinwelt der Zeichen und Symbole. KI wohnt eine grundsätzliche Weltlosigkeit inne, die das fundamentale konzeptuelle Defizit von *Machine-Learning*-Algorithmen ausmacht: »Sie bilden die Komplexität der realen Welt ohne jede Verbindung mit dieser Welt ab. Alles ist unverankerte Struktur.«[110] Die zu Ende berechnete Wahr-Scheinlichkeit selbst macht somit die Wahrheit am Ende zum Schein. Denn Wahrheit muss letztlich immer einen Weltbezug haben, sonst ist sie bedeutungslos. Kritisches Denken kann diesen Schein erkennen und weiter der Wahrheit verpflichtet sein.

Vernünftig ist es auch, jederzeit mit der Macht des Unvernünftigen und des Widervernünftigen zu rechnen. Das bedeutet auch, die Abgründe der Vernunft und des Menschen nicht auszublenden. Wenn es zuträfe, dass KI dem Menschen bald in allen Belangen überlegen ist, wie die Singularitätsjünger behaupten, müsste uns jedenfalls angst und bange werden. Denn dann wäre sie uns auch in der Fähigkeit zum Bösen überlegen. Und das wäre mehr als ungeheuerlich. In autonomen Waffen könnte sich dieses Böse am deutlichsten zeigen. Doch wir müssen uns auch hier vor Augen halten, dass diese Waffen niemals »autonom« im Sinne menschlicher Autonomie entscheiden können. Noch immer müssen wir uns mehr vor uns Menschen gruseln, die sie entwickeln und die damit in Kauf nehmen, dass sie eingesetzt werden können, als davor, dass diese Systeme wirklich »autonom« wären. Gerade, dass sie zur Autonomie nicht fähig sind, macht sie jedoch noch gefährlicher. Denn diese Waffen können selbsttätig Kriegshandlungen ausführen. Die Vereinten Nationen definieren sie als Waffen, die »menschliche Ziele ohne menschlichen Eingriff aufspüren, erfassen und eliminieren.« Sie stellen damit nach Schießpulver und Atomwaffen die »dritte Revolution« der Waffensysteme dar. Und sie stellen traditionelle militärische Strategien vor ein großes Problem: Denn sie nehmen mit jeder »selbsttätigen« Handlung den Generälen ein Stück Kriegsführung aus der Hand, und damit den Einfluss auf die Kampfhandlungen. Feindliche KI-Systeme, die selbstständig kämpfen, würden sehr schnell außer Kontrolle geraten. Spätestens mit dem Entstehen einer Superintelligenz aber, vorausgesetzt das Kontrollproblem ist nicht gelöst, »handelt es sich um ein Negativsummenspiel: In diesem Fall bekommt am Ende jeder minus unendlich.«[111] Aus dem Gleichgewicht des Schreckens im Atomzeitalter würde durch eine militärische Superintelligenz ein grenzenloser Schrecken: Ihr Einsatz könnte alles Leben auf der Erde vernichten, ohne dass eine Seite noch Gegenwehr leisten könnte, weil es gar keine andere Seite mehr gibt, die zu Gegenwehr in der Lage wäre. Doch deshalb darauf zu vertrauen, dass solche Waffen nicht entwickelt werden, weil sie eine neue strategische Realität schaffen, wäre naiv. Ebenso, wie auf eine KI zu hoffen, die der Entwicklung oder dem Einsatz solcher Waffensysteme Grenzen setzt.

Doch wäre umgekehrt eine »gute« KI denkbar? Könnte die Lösung in einer KI bestehen, die den Menschen auch in Sachen Moral übertrifft? Darauf zu hoffen ist ebenso vergeblich, wie die baldige Machtübernahme durch eine ausgesprochen böse KI zu fürchten, übertrieben ist. Vom Sündenfall sind die Algorithmen noch eben so weit entfernt wie von der Erkenntnis von Gut und Böse. Erst wer vom Baum der Erkenntnis gegessen hat, kommt zur Erkenntnis von Gut und Böse. Mit dieser Erkenntnis kommt die Freiheit, sich zu entscheiden und dazu gehört auch die Freiheit, das Böse zu tun. Das Böse ist dieser alten biblischen Geschichte zufolge der Preis der Freiheit. Dass KI aus den dargelegten Gründen keine Freiheit erlangen kann, darf uns nicht trösten: Für den immensen Schaden, den eine militärische KI anrichten würde, ist Bewusstsein nicht erforderlich. »Es geht um die Fähigkeiten, nicht um das Bewusstsein« wie Stuart Russel zu Recht feststellt.[112]

Allen Behauptungen der *Hardcore*-KI-Fraktion zum Trotz zeigt das menschliche Denken mindestens in einem entscheidenden Punkt seine Überlegenheit gegenüber KI: Es hat – zumindest grundsätzlich – eine Antwort auf das Kontrollproblem. Sie liegt in der Möglichkeit der freiwilligen Einsicht in die eigenen Grenzen und die Gesetze, die das endliche Wesen Mensch sich seiner Vernunft gemäß selbst geben und denen es sich aus Einsicht unterwerfen kann. Gesetze, die notwendig sind, um Leben, Würde und Freiheit aller zu garantieren. Auch wenn diese Gesetze nicht immer umgesetzt werden, so sind sie doch sinnvoll, ja notwendig. Morde machen das Strafgesetzbuch nicht sinnlos, Geschwindigkeitsüberschreitungen die Straßenverkehrsordnung nicht obsolet. Im Gegenteil, sie zeigen, wie vernünftig es ist, dass wir Gesetze haben. Und dass wir damit rechnen müssen, dass gegen sie verstoßen wird, solange Freiheit existiert.

Gerade weil die Vernunft selbst auch als Waffe taugt, hat die menschliche Evolution in Hunderttausenden von Jahren ein Verfahren entwickelt, das zur Selbstkontrolle führen kann. Es besteht in der Ausbildung von Selbstbewusstsein, dem zentralen philosophischen Modell der Moderne. Das Bewusstseinsparadigma löst am Beginn der Neuzeit das ontologische Seins-Paradigma der antiken Philosophie ab.[113] Während dieses sich mit dem Seienden beschäftigte, indem es vom Staunen ausgehend die Frage »Was ist?« stellte, stand am Beginn des neuen mentalistischen Paradigmas der Zweifel. »Was kann ich wissen?« und »Was ist gewiss?« – das sind die neuzeitlichen Fragen. Die Antwort, die Descartes gab, markierte einen Einschnitt: Dass ich denke, während ich diese Frage stelle, kann ich nicht in Abrede stellen. Die letzte Gewissheit ergibt sich also paradoxerweise aus dem radikalen Zweifel. Diesen Zweifel kannte schon Augustinus. Der Kirchenvater fand als Formel für Gewissheit trotz allen Zweifels das scheinbar paradoxe *Dubito ergo sum*, »Ich zweifle also bin ich«. Er fand damit einen für lange Zeit gültigen Ausweg aus der antiken Skepsis (von *skeptomai*, ich spähe, blicke umher, überlege), die die Möglichkeit sicheren Wissens überhaupt infrage gestellt hatte. Augustinus fand seine letzte Gewissheit daneben noch in einem Gottesvertrauen, das Descartes dann auch in Zweifel stellte: Er radikalisierte den Zweifel größtmöglich, indem er den Zweifelsargumenten des Augustinus den »Täuscher-Gott« hinzufügte. Es könnte ja sein, so Descartes' Argument gegen Augustinus, dass alle Wahrheiten, die christliche Denker auf dem Weg nach Innen gefunden haben, das Werk eines bösartigen Täuscher-Gottes sind, eines *Genius malignus*, eines missgünstigen, boshaften Geistes. Wenn dem so wäre, so würde die Macht dieses Täuschergottes aber in der letzten Gewissheit des Denkens enden, dass sich sicher ist, dass es *ist*, indem es *denkt*. Descartes findet die Gewissheit, dass er selbst *ist*, im *Denken* seines Seins, darüber kann auch der Täuschergott ihn nicht täuschen. Deshalb sagt er: *Cogito ergo sum*, »Ich denke, also bin ich.«

Das Täuschungsspiel der KI, das den Menschen darüber

täuscht, dass eine Maschine angeblich denken kann, erledigen heutige KIs inzwischen so perfekt, dass ihnen ein quasigöttlicher Status zugesprochen wird. Ray Kurzweil, der Singularitätsanhänger, der die mächtige Entwicklungsabteilung von Googles Mutterkonzern Alphabet leitet, antwortete einmal in einem Interview auf die Frage, ob Gott existiere: *Noch nicht*. Er spielt dabei auf die kommende Superintelligenz an, deren Entwicklung Google wie kein zweites Unternehmen vorantreibt. Kurzweil könnte neben dem unfreiwilligen Eingeständnis der eigenen Allmachtsfantasien auf den perfekten Täuschergott angespielt haben, gegen den Descartes die Kraft des Selbstdenkens aufbot, um Gewissheit in einer ungewissen Welt zu finden. Vielleicht antwortet Kurzweil deshalb mit »noch nicht«, weil bislang noch keine KI die Täuschung so perfekt erbracht hat, dass die Menschen bereit sind, ihr Denken vollständig auszuschalten und zum Glauben an diese neue überlegene Entität zu wechseln. Vieles spricht allerdings dafür, dass wir einer Superintelligenz, die zumindest in ihren göttlichen, dem Menschen in allen Belangen überlegenen Eigenschaften, ein reines Fantasma darstellt, die gute alte cartesianische Denkübung des radikalen Zweifels und des Selbstdenkens entgegensetzen können.

Denn mit Descartes tritt der Zweifel als Grundhaltung der Philosophie an die Stelle des Staunens, das uns heute gerade angesichts der enormen Leistungsfähigkeit der KI ergreifen kann. Gleichzeitig wird mit dem Paradigma der neuzeitlichen Philosophie die Aufmerksamkeit vom Seienden auf das erkennende Subjekt selbst gelenkt. Wer erkennen will, wie er erkennt, muss darüber nachdenken, wer das Ich ist, das denkt. In dieser Selbstvergewisserung macht sich das Subjekt des Denkens selbst zum Objekt der Erkenntnis. Und gleichzeitig ist dasselbe Subjekt Akteur dieses denkenden Vollzuges. Die Konsequenzen dieses Paradigmas sind weitreichend: Die Struktur der bewussten Selbstbeziehung wird so Grundstruktur der Vernunft als auch das Prinzip der Moderne.[114] Eine Struktur, die den Wechsel von der Teilnehmer- in die Beobachterperspektive und zurück ermöglicht, und aus der in Gestalt von selbstgesetzten Normen und Recht verbindliche Lebensdeutung und normative Handlungsorientierung gewonnen werden können. Und zwar durch sich selbst und aus sich selbst bei gleichzeitiger Einsicht in die Abhängigkeit von anderen und die eigene Begrenztheit. Und darum für alle, die zu diesem vernünftigen Selbstvollzug kraft ihrer Vernunft in der Lage sind, auch verbindlich. Durch die Trennung des Bewusstseins in Betrachtenden und Betrachtetes und gleichzeitig das Bewusstsein dieses Vollzuges, kommt es zudem zu einem Element der Vernunft, das weitreichende Konsequenzen hat: Das Moment des Unterscheidens, griechisch *kritein*, macht den Akt denkender Selbstvergewisserung von Anfang an zu einem kritischen Akt. Da auch das Verhältnis des in sich Unterschiedenen zugleich den Bewusstseinsinhalt ausmacht, liegt eine Form des kritischen Selbstbezuges vor.

Mit anderen Worten: Die Vernunft bringt immer schon das Moment des Zweifels und der Selbstkritik mit sich. Es kommt dann alles darauf an, wie sie aus den Fallen, die dieses Paradigma auch bietet, wieder herausfindet. Eine dieser Fallen ist der Solipsismus, die These, dass daraus, dass die letzte Gewissheit im eigenen Denken liegt, folgt, dass nur das eigene Ich existiert. Eine These, die trotz aller offenkundigen Absurdität von einigen einseitigen Subjektphilosophen ernsthaft vertreten wurde, weil sie aus der Einsicht, dass alle Bewusstseinsinhalte nur für das jeweilige Bewusstsein gegeben sind, folgerten, dass sie auch nur für das und in dem jeweiligen Bewusstsein existieren könnten. Diese These kann auch zu einer Form des radikalen Idealismus führen, der das Reale zur reinen Fiktion erklärt, da es ja vermeintlich nur im Bewusstsein existiert. Die Verabschiedung vom Realitätsprinzip führt dann zu einem schrankenlosen Konstruktivismus, der meint, der Welt nicht nur die Gesetze, sondern auch gleich die Existenz vorschreiben zu können. Ein offenkundiger Irrweg, der in eine der zahlreichen Sackgassen führt, die das moderne Subjektparadigma auch bereithält. Allerdings überwiegen am Ende die Fortschritte, die es durch die Selbstreflexion und ein gesteigertes Methodenbewusstsein ermöglicht. Wenn das Selbstbewusstsein nur im Selbstbezug letzte Gewissheit findet, und nur es selbst gewiss weiß, dass es diesen Inhalt des Selbstdenkens auch hat, werden zwar immer letzte Zweifel am gemeinsam geteilten Wissen bestehen. Aber gemeinsames Wissen ist deshalb nicht unmöglich. Im Gegenteil, es ist ständig offen für neue Perspektiven und damit für Fortschritt. Den entscheidenden Ausweg aus diesem Dilemma zeigte das dritte Paradigma der Philosophie auf: die sprachkritische Wende zu Beginn des zwanzigsten Jahrhunderts, auch *Linguistic Turn* genannt. Hier findet die Philosophie auf reflektierte Weise zum antiken Logos Begriff zurück. Waren doch für die Denker der Antike Vernunft und Sprache immer zwei Seiten derselben Medaille. Das neue Paradigma widmet sich der Sprache, weil es von der Konfusion als Ausgangslage der Philosophie ausgeht, von der »Verhexung des Verstandes durch die Sprache« wie Ludwig Wittgenstein formulierte. Daraus ergeben sich für ihn die philosophischen Probleme, die die Form haben: »Ich kenne mich nicht aus.«[115] Die Ausgangsfrage des linguistischen Paradigmas lautet deshalb: Was kann ich verstehen?

Durch den *Lingusitic Turn* wird der Solipsismus des Bewusstseinsparadigmas überwunden. Das Denken und die Vernunft werden spätestens damit wieder politisch: Sie definieren sich wesentlich im Austausch unterschiedlicher Menschen mit unterschiedlichen Erfahrungen, im immerwährenden Gespräch über das, was ist und das, was sein soll, und in dem sprachlich vermittelten gemeinsamen politischen Handeln, in dem sich die Macht der Menschen über ihr eigenes Schicksal ausdrückt, soweit es in ihrer Macht liegt. Die sprachkritische Wende hat also die Vernunft aus der Einsamkeit des Subjektes wieder in die Arena der Polis geführt, allerdings gestärkt durch den Zweifel und das geschärfte Methodenbewusstsein sowohl in den Wissenschaften als auch in der Moral und der Politik. Ein Rückweg zu Dogmatismus und Fanatismus sollte dadurch eigentlich verstellt sein.[116]

Die Vernunft der über sich selbst aufgeklärten Moderne ist somit subjektive und intersubjektive Vernunft zugleich. Ihre Werkzeuge: kritische Reflexion, verbunden mit einem freien und an der Wahrheit orientierten Diskurs. Ihr Ziel ist nicht Selbsterkenntnis um ihrer selbst willen oder Unterwerfung der Natur. Ihr Ziel ist Orientierung statt nur Verfügung, eine vernünftige Freiheit, die nur durch Regeln, die sie sich selbst in Abstimmung mit anderen vernünftigen Wesen geben kann, wirklich wird. Und die erkennt und anerkennt, dass sie auf Voraussetzungen beruht, die sie selbst nicht schaffen kann. Die Grenzen anerkennt, um die Grenzen der Selbstbestimmung immer wieder neu zu verhandeln. Selbstbegrenzung und Selbstbestimmung sind für sie zwei Seiten derselben Medaille, weil, wie insbesondere Hegel im Anschluss an Kant gezeigt hat, »die Selbstbegrenzung als ein Akt der Realisierung von Freiheit im Rahmen intersubjektiver Interaktionen zu verstehen ist.«[117] Die Vernunft kann im Gegensatz zu KI immer neu Grenzen erkennen und dynamisch Grenzen festlegen. Ist sie doch das Vermögen eines endlichen Wesens, dass sich mit ihrer Hilfe im Unendlichen orientieren muss. Sie löst das Halteproblem, indem sie die Grenze zwischen Wissen und Nichtwissen immer wieder neu festlegt. Und indem sie durch die kritische Kraft von Reflexion und Diskurs die eigenen Grenzen immer neu vermisst.

Durch ihre Selbstreflexivität ist die Vernunft auch in der Lage, große Komplexität besser zu beherrschen als KI, da sie Widersprüche und Paradoxien benennen und nach selbst gesetzten Kriterien auch auflösen kann. Selbstreflexion führt zu Selbstbewusstsein und zu Selbstkritik und nur mit diesen ist Selbstbestimmung möglich. Dieser Dreischritt spiegelt die Grundstruktur des Selbstbewusstseins, in der das Subjekt sich selbst zum Objekt, also zum Untersuchungsgegenstand macht, und sich zugleich des Vollzugs dieses Bewusstseinsvorgangs wie auch der Differenz zwischen Subjekt und Objekt bewusst wird. Diese Effekte klingen kompliziert, sind aber im Grunde einfach zu verstehen, wenn man bedenkt, dass es sich hier um einen Prozess eines lebendigen Wesens handelt, das sich reflexiv auf sich selbst bezieht. Das viel Wissen über sich selbst »haben« kann, sich dabei seines »Seins« als lebendiges Wesen bewusst ist, ohne aufgrund seiner Endlichkeit dieses Sein jemals vollständig in Wissen auflösen zu können. Das damit auch die Eigenständigkeit des anderen ebenso anerkennt, wie die Eigenständigkeit der Natur.

Das Bewusstsein eines lebendigen Organismus ist aufgrund dieser Struktur zur Verbindung mit dem Lebendigen fähig. Es kann auf die eigene Abhängigkeit vom Stoffwechsel mit der Natur reflektieren und mehr noch, auch das Gespür und Gefühl für die Natur selbst in sich aufnehmen. Und es kann aus der Struktur der Selbstbeziehung des Denkens auf sich eine tragfähige logische Figur entwickeln, die Eigengesetzgebung und Kritik ermöglicht. Bewusstes Erleben bedeutet immer Selbsterleben. Wahrnehmungen lassen sich daher nicht auf die dahinterliegende bio-physikalischen Prozesse reduzieren. Damit sind wir bei einer weiteren Falle des kritischen Selbstbezuges: dem Reduktionismus, in seiner klassischen Form des Reduzierens von geistigen Vorgängen auf materielle »Ursachen«. Das Denken ist aber mehr als eine Emanation des Gehirns und seiner biochemischen Prozesse. Selbst wenn es gelänge, das Gehirn vollständig mit neuronalen Netzen nachzubauen, wäre das Denken noch nicht erreicht. Dem Versuch, menschliches Bewusstsein durch eine Maschine nachzubauen, um es dann zu übertreffen, liegt eine Fehlannahme zugrunde: Weil den »Denk«-Prozessen einer Maschine das Erfahrungselement fehlt, das letztlich auf der Erfahrung beruht, was es bedeutet, ein bestimmter Organismus zu sein, können sie auch die reflexive Struktur des menschlichen Bewusstseins nicht erreichen. Der Naturalismus, der in seiner modernen Form des Dataismus[118] diese Reflexion negiert, wird zum Dogmatismus, dem am Ende kritisches Denken und individuelle Autonomie unwichtig sind, da er sich im Besitz einer unendlichen, quasigöttlichen Wahrheit wähnt.

Zum anderen ist mit der geschilderten Struktur des Selbstbewusstseins ein unabdingbarer Perspektivismus verbunden: Die Erfahrungen eines Bewusstseins sind immer die Erfahrungen dieses besonderen Bewusstseins, sie sind auf grundlegende Weise mit der jeweiligen Bedingtheit an die zugrunde liegende Leiblichkeit verbunden. Jeder Mensch ist eine einzigartige Welt, weil er die Welt auf einzigartige Weise in einem einzigartigen Organismus erfährt und reflektiert. Insofern führt das Bewusstseinsparadigma in der Tat zum Individualismus, es betont die Einzigartigkeit jedes Menschen. Jeder Mensch ist letztlich eine unverwechselbare und einzigartige Welt, der etwas Inkommensurables innewohnt. Was aber keineswegs bedeutet, dass deshalb keine Verständigung über die Grenzen des einzelnen Bewusstseins hinaus möglich wäre. Die Grenzen eines Bewusstseins sind nicht die Grenzen seiner jeweiligen Welt. In diese solipsistische Falle, in der am Ende jedes einzelne Bewusstsein fensterlose Monaden sind, ist die sogenannte Bewusstseinsphilosophie vielfach getappt. Sie führt schließlich zu einem haltlosen Relativismus, der über die individuelle »Betroffenheit« hinaus keine allgemein verbindlichen Kriterien mehr entwickeln kann. Der heutige postmoderne Relativismus bildet damit die zweite Sackgasse reduktionistischen Denkens. Mit der Wiederentdeckung des antiken Logos-Begriffes durch die sprachkritische Wende der Philosophie kann aber auch sie überwunden werden. *Logos* heißt übersetzt nicht nur Vernunft, Verstehen, sondern auch Sprache. Der modernen Sprachphilosophie ist es zu verdanken, dass mit dem Wiedergewinnen der Einsicht in die sprachliche Bedingtheit des menschlichen Denkens und Erkennens auch die soziale Dimension der Vernunft wiedergewonnen wurde. Und diese Einsicht droht heute mit der einseitigen Begeisterung für *Code* und Programmierung wieder verloren zu gehen.

Die sprachkritische Philosophie kann eine soziale Dimension beschreiben, in der die individuellen Perspektiven sehr wohl ihren Platz haben. Auch wenn dem einzelnen Bewusstseinsakt etwas irreduzibel Individuelles anhängt, kann doch mithilfe der Sprache eine weitgehende Übereinstimmung erzielt werden. Mehr noch: die für den Menschen (als *Zoon Politikon*) maßgebliche Welt des sozialen Raums entsteht überhaupt nur, weil sich die je einzelnen Bewusstseinsinhalte nie ganz zur Deckung bringen lassen. Hier sind wir bei der Vorstellung einer politischen Öffentlichkeit, wie sie Hannah Arendt mit ihrem Machtbegriff beschrieb: Für sie ist Macht immer das in der Öffentlichkeit sich formende und verständigende Zusammenwirken von Menschen, die ihr allgemeines Leben gestalten, indem sie die individuellen Perspektiven in der Öffentlichkeit einbringen, dabei aber niemals ihre Besonderheit aufgeben. In der demokratischen Entscheidung artikuliert sich die Macht freier Bürger, deren individuelle Freiheit anerkannt sein muss, damit sie gemeinsam politisch handeln können. Diese Macht zielt auf ein gelingendes Leben für den Einzelnen und für die Gesellschaft. Sie kann immer nur vorläufige Ziele setzen, denn jede Setzung wird wieder und wieder unweigerlich der Kritik unterworfen. Um im Anschluss erneut eine verbesserte, aber erneut unvollständige Lösung zu setzen. Dieser Prozess ist fundamental unabschließbar und das ist auch gut so. Ihn durch maschinelle Logik zu optimieren, um ihn damit zum Abschluss zu bringen, würde das Ende des offenen Vermögens der Vernunft und ebenso der offenen Gesellschaft bedeuten. Für ein nicht perfektes Wesen wie den Menschen eine perfektionierte, nach rein mathematischen Kriterien und Kalkülen optimierte Welt zu schaffen, muss zu einer unmenschlichen Welt führen. Vielfalt und allgemeine Gültigkeit sind denn auch keine Gegensätze, wie schon in der Natur nicht, die ebenfalls den Weg der Diversität wählt, und sich dabei doch in den Bahnen von Naturgesetzen bewegt. Damit wird deutlich, was Platon mit dem Verbindenden meinte, das die Menschen brauchen, »auf dass wir alle insgesamt so viel als möglich gleich und befreundet leben, indem wir uns durch ein und dasselbe lenken und leiten lassen.« Er meint die verbindende Kraft des allen Menschen gemeinsamen

Vermögens der Vernunft, dem er mit dem allegorischen Bild des Seelenwagens seinen Platz im menschlichen Seelenhaushalt angewiesen hat.[119]

Der Seelenwagen wird in diesem Bild von zwei unterschiedlichen Pferden gezogen, dem *Epithymetikon*, das die begehrenden Kräfte des Menschen verkörpert, und dem *Thymoides*, das das Mutige, Zornige verkörpert. Wagenlenker ist bei Platon *Logistikon*, die Vernunft, der er die Zügel in die Hand gibt. Solange sie sich mit ihren Vorgaben durchsetzen kann, ist laut Platon ein gutes Leben möglich, lassen sich viele Menschen davon leiten, gar ein gelingendes Leben in der Polis, in dem alle »gleich und befreundet« sind. Gibt die Begierde die Richtung vor, so wird der Einzelne gewinnverliebt, eigennützig und profitsüchtig. Hat die thymotische Aggression die Oberhand, ist er ehrgeizig, streitsüchtig und strebt nach Überlegenheit. Nur das vernünftige Denken kann die unterschiedlichen Antriebe des Menschen so lenken, dass ein Ausgleich gefunden und die Orientierung an der Wahrheit aufrechterhalten wird, weil nur die Vernunft zur Erkenntnis das Wahren, Guten und Schönen in der Lage ist. Soweit Platon Idealismus.

Doch wie sieht der Seelenwagen heute in seiner Tesla-Version aus? Im Zeitalter des »autonomen Automobils« scheint es, als ob anstelle des *Logistikons* eine KI das Gefährt selbstständig steuert. Schon beim Automobil entstand, wie wir gesehen haben, aus der Begeisterung darüber, dass keine Pferde mehr gebraucht wurden, die falsche Vorstellung, dass sich der Wagen nun selbst antreibe. Dass die Pferde durch den Motor ersetzt wurden, der die Zufuhr enormer Mengen externer Energie benötigt, wurde ebenso übersehen, wie die missliche Sache mit den Emissionen, die nicht mehr in Form von Mist, sondern von Abgasen anfielen. Auch Mist, aber anders. Ein ähnliches Missverständnis droht sich heute beim fragwürdigen Begriff vom »autonomen Fahren« zu wiederholen. Zwar darf der *Logistikon* noch das Ziel eingeben, den Wunsch äußern, wo er hingefahren wird. Doch der Wagen trifft auf dem Weg dahin alle Entscheidungen selbst. Ein Automat nimmt dem *Logistikon* die eigentliche Aufgabe des Lenkens ab. Klingt nach der perfekten Wunschmaschine, auf dem sicheren und bequemen Weg des Wagens zu den Göttern wie in Platons Allegorie. Doch auch hier täuscht der Anschein. Die Selbstständigkeit der Steuerung entbindet den Wagenlenker von seinen Aufgaben und nimmt ihm mit seiner Aufgabe zuerst die Verbindung zu den eigenen Antrieben, dann auch die Verantwortung für die einzelnen Entscheidungen, schließlich seine Autonomie. Ohne eigene Antriebe, Leidenschaften, Begierden und Sehnsüchte ist es kein menschlicher Seelenwagen mehr, der da gesteuert wird. Wohin die Reise dann führt, ist ungewiss. Im Zweifel entscheiden das wiederum die Algorithmen, ihrer Werbelogik wird schon ein lohnendes Ziel einfallen. Lohnend jedenfalls für diejenigen, die dieses Ziel auf den Werbemärkten der Aufmerksamkeitsökonomie zuvor ersteigert haben.

Aus der Tradition der radikalen Vernunftkritik resultiert noch eine zweite Verschiebung der Kräfte im Seelenwagen. Hatte noch Freud aus seiner Analyse der unbewussten Seelenkräfte einen aufklärerischen Schluss gezogen (»Wo Es war, soll Ich werden«), so wird heute nicht nur an die Macht der Antriebe erinnert, sondern gleich versucht, mal dem empörten Wutbürger und mal dem ewigen Begehren die Zügel in die Hand zu geben. Das Identitätsdenken unserer Zeit betont, dass die starken thymotischen Kräfte eine größere Rolle als die Vernunft spielen, weil sei den Wunsch der Menschen nach Anerkennung speisen.[120] Es trägt dazu bei, dass wer heute gegen die Macht der Antriebskräfte an die Vorzüge der Vernunft erinnert, bestenfalls auf Ironie, meist auf blanken Zynismus trifft. Anerkennung und Respekt sind zweifellos wichtige soziale Kategorien, die in einer Demokratie wie in jeder Gesellschaft elementar sind. Entscheidend ist aber, ob der Kampf um Anerkennung auf die freie Anerkennung des anderen *als* anderen zielt, wie Hegel die wechselseitige soziale Konstitution des Selbstbewusstseins erstmals beschrieben hatte.

Hegel hatte dabei ein Modell vor Augen, in dem die Anerkennung des anderen aus freien Stücken erfolgt, weil sich das Selbstbewusstsein im anderen als sich selbst erkennt. Es ist beim anderen im anderen seiner selbst, weil beide über die gleiche Struktur des vernünftigen und freien Selbstbezuges verfügen. Diese Strukturgleichheit ist die Voraussetzung dafür, das universelle Werte über Kultur- und Sprachgrenzen hinweg Gültigkeit erlangen können, weil sie von allen freien Subjekten nachvollzogen und anerkannt werden können. Die Anerkennung des anderen führt dabei auch zur Anerkennung des Umstandes, dass die eigene Freiheit nur gesichert ist, wenn sie ihre Grenze in der Freiheit des anderen findet und andererseits durch das Recht gesichert wird. So ermöglicht Hegels Philosophie ein Modell vernünftiger Freiheit.[121]

Das Identitätsdenken unserer Tage hingegen stellt das Thymotische ganz in den Mittelpunkt, weil dieser Seelenteil »nach Anerkennung seiner Würde« strebt[122] und deshalb der wesentliche Motor des Zusammenlebens sei. Dabei tendiert er von der *Isothymia*, also dem Bedürfnis, anderen als gleichwertig zu gelten, zunehmend zur *Megalothymia*, dem Bedürfnis anderen überlegen zu sein. Während liberale Demokratien versuchen, für Frieden und Wohlstand zu sorgen und dabei oft nicht allen Anerkennungswünschen gerecht werden, bieten sie laut Fukuyama insbesondere nicht genügend Betätigungsmöglichkeiten für die Bestrebungen der *Megalothymia*. Denn dieses Motiv »gedeiht durch Besonderheit, durch hohe Risiken, imposante Kämpfe und große Effekte. Denn all das bewirkt, dass jemand im Vergleich mit anderen als überlegen anerkannt wird.«[123] Das Verlangen nach Anerkennung kann so leicht genutzt werden, um Überlegenheitsgefühle zu nähren, die Gruppendenken und Nationalismus befördern. Es dient daher Populisten und Nationalisten in Form von ständiger Empörungsbereitschaft als idealer Treibstoff, insbesondere wenn die allgemeine Empörung über mangelnde Anerkennung auf gezielte Demütigung durch andere zurückgeführt wird. Fukuyama sieht deshalb in diesem Antrieb ein Leitmotiv für die derzeitigen Entwicklungen der Weltpolitik. Und wer wollte ihm mit Blick etwa auf die jüngsten nationalistischen und expansionistischen Töne der chinesischen Führung widersprechen.[124]

Der Blick auf die weltpolitische Auswirkung der thymotischen Seelenkräfte kann zwei Einsichten zutage fördern: Zum einen werden sie durch die emotionalisierenden und fragmentierenden Prinzipien KI-gesteuerter Kommunikation in sozialen Medien zusätzlich entfesselt und verstärkt. Die Rückkehr des Stammesdenkens, die ständige Empörungsbereitschaft der allzeit handlungsbereiten Shitstorm-Community und das Kommunizieren in Echokammern der Selbstbestätigungsschleifen führen zu latenten Dauerkonflikten, die ein universelles Verständnis der menschlichen Würde und der durch Vernunft bedingten Freiheit verhindern und durch Gruppenforderungen und ständige Empörungsbereitschaft ersetzen. Die politischen, sozialen und kulturellen Konflikte, die durch dieses Empörungsdenken befeuert werden, führen wiederum zur Konzentration der Politik auf reine Partikularkämpfe. An die Stelle des Ziels einer pluralistischen Gesellschaft tritt im Falle des Identitätsdenkens, in der jede Gruppe glaubt, die Wahrheit gepachtet zu haben, eine sektiererische Wut, die die allgemeinen Regeln der Argumentation in Abrede stellt, und gar nicht mehr nach Verständigung oder gemeinsamen Regeln strebt.

Die globalen Fragen können dann nicht mehr gelöst werden. Dazu fehlen schon die universellen Prinzipien, auf die sich alle einigen könnten. Für sie war traditionell die Vernunft zuständig, die mittlerweile durch eine radikalisierte Vernunftkritik geschwächt ist. Gerade im Zeitalter der planetarischen Technik und der voranschreitenden Globalisierung können aber die wesentlichen Fragen nur durch universelle Prinzipien und Verständigung über Kultur- und Sprachgrenzen hinaus gelingen. Wenn die Vernunft als vermeintliches Herrschaftsinstrument radikal »dekonstruiert« wird, verbleiben als letzte universelle Prinzipien am Ende technische Normen oder aber willkürliche Entscheidungen, die auf technischer Rationalität oder schierer Macht, nicht aber auf dem Recht basieren. Warum dann nicht gleich auf die überlegene Künstliche Intelligenz auch im Politischen stärker setzen? Unsere Antwort lautet: Weil künstliche Intelligenz allenfalls der menschlichen Dummheit überlegen ist, nicht aber zur künstlichen Vernunft werden kann, die der des Menschen überlegen wäre. Man soll vom Ochsen nicht mehr verlangen als Rindfleisch. Und man soll dem Ochsen, ebenso wenig wie den Pferden Platons, die Zügel niemals überlassen, anstatt sie ihm anzulegen.[125]

Wir haben mit Heideggers Vernunftkritik, Lovelocks romantisch-kybernetischem Mutter-Erde Mythos und dem chinesischen Träumen einer konfuzianisch-kommunistischen Weltordnung drei Modelle kennengelernt, die gegenwärtig wirkmächtig sind und die um die Deutungshoheit in einer vielfach gefährdeten Weltlage kämpfen. Alle sind vernunftkritisch, alle sind reduktionistisch. Mit dem technologischen Reduktionismus des Silicon Valley verbindet diese Deutungsmuster, dass sie an die Stelle einer durch die Vernunft bestimmten und gelenkten Ordnung auf die Macht vernunftloser Systeme setzen. Sie befördern den Rückschritt von der Macht des Rechts zum Recht der Macht.

Auf Heidegger, der diesbezüglich bei der damaligen Lebensphilosophie Anleihen nahm, geht wesentlich die Technikkritik der heutigen Ökobewegung zurück, die sich, wie Lovelock belegt, gleichzeitig beim Mythos einer allwissenden und fürsorglichen Mutter Erde bedient. Ohne Frage: Ökologisches Denken hat aus all diesen Quellen des Denkens wichtige Einsichten in die systemischen Zusammenhänge der Natur gezogen und die richtige Forderung daraus abgeleitet, dass der Mensch in seinem Handeln auf diese Systeme Rücksicht nehmen und sich in sie auch einpassen muss. Ist er doch selbst Teil dieser Natur und auf ihre Ressourcen als Grundlage seines eigenen Lebens angewiesen. Systemisches und holistisches Denken sind daher unverzichtbar. Der Mensch der Spätmoderne muss sich wieder neu mit der gesamten Natur, dem Kosmos verbinden, wie es die griechischen Philosophen bereits versuchten. Und die Vernunft muss für solche Erfahrungen und Gefühle offen sein. Doch die Natur bleibt bei allen Systemkräften, die sie steuern mögen, eine anonyme, blinde und dem Menschen gegenüber letztlich gleichgültige Macht.

Ebenso gleichgültig gegenüber dem Menschen wird eine noch so hochgezüchtete Maschinenintelligenz sein. Der Traum vom kybernetischen Paradies, in dem der Mensch »rundum behütet von Maschinen voller Liebe und Güte«[126] schwelgt, wird deshalb unweigerlich zum Albtraum, weil er dabei zwangsläufig auf sein eigenes Denken verzichten muss. Die Einsicht in eine systemische Ordnung in Natur und Technik darf nicht dazu verführen, dieser Ordnung ein höheres Bewusstsein oder eine höhere Vernunft zu unterstellen, in die der Mensch sich fraglos einzufügen hat. Die Selbstorganisation bewusstloser Systeme darf nicht mit Selbstbewusstsein, Selbstgesetzgebung und Selbstverantwortung verwechselt werden, zu denen ein vernünftiges Wesen in der Lage ist. Natur und Technik sind mächtig. Aber sie sind bewusstlos. Das Gegenteil anzunehmen, läuft auf eine theologische Spekulation hinaus, die wir mit dem Ende aufgeklärten Denkens bezahlen würden.

Auf Heidegger gehen auch die wesentlichen Annahmen der postmodernen Vernunftkritik zurück, die heute in die Sackgassen identitätspolitischen Denkens geführt hat. Er wollte die abendländische Metaphysik »destruieren«, weil sie ihm als Verhängniszusammenhang erschien, den er ursächlich für die Probleme der Moderne verantwortlich machte. Seine Nachfolger machten daraus das Programm der »Dekonstruktion«[127] der Vernunft, ein Verfahren, in dem zunächst traditionelle logische Strukturen zerstört werden, um sie dann neu zu konstruieren, und das bei der dabei zum Einsatz kommenden Willkür notwendigerweise in Relativismus und Beliebigkeit mündet. Die Kriterien dieser Konstruktion sind letztlich willkürlich, sofern sie sich nicht auf universelle Prinzipien beziehen wollen. Wenn es keine übergeordneten, allen gemeinsam nachvollziehbaren Prinzipien des Handelns gibt, die Legitimität beanspruchen können, bleibt nur der Dezisionismus der Empörung und des Gruppendenkens. Da auch die Algorithmen der Social-Media-Tech-Giganten solche Stammesbildung befördern, ist hier ein explosives Gemisch entstanden, dass auch mit nationalistischen Funken zur Explosion gebracht werden kann. Denn auch Nationen sind Partikulargruppen, die auf die ihre jeweils scheinbar fraglosen Rechte pochen können. Die Anrufung scheinbar höherer Mächte, die uns aus den Problemen wieder heraushelfen sollen, die wir mit der einseitigen ökonomisch-technologischen Rationalität der Moderne angerichtet haben, ist ein mehr als riskantes Unterfangen. Es negiert letztlich die menschliche Freiheit und Selbstbestimmung und für die unantastbare Menschenwürde des Einzelnen ist dann kein Platz mehr. Die Zeitströmungen des relativistischen Identitätsdenkens und der Vergöttlichung Künstlicher Intelligenz haben den gemeinsamen Kern der radikalisierten Vernunftkritik, die der Vernunft in der Spätmoderne den Prozess machen will. Und das nicht mehr vor dem Richterstuhl der Vernunft, wie Kant forderte, sondern vor dem Richterstuhl vermeintlich überlegender anonymer systemischer Mächte.

Liegt die Lösung also in einem »neuen Denken«, das an die Stelle des bisherigen Denkens treten muss? Ein neues Denken, dass an die Stelle der bisherigen Vernunft treten soll, wird von den radikalen Kritikern der Moderne zur Lösung der gegenwärtigen Weltprobleme eingefordert. Immer wieder wird dabei ein vermeintliches Einstein-Zitat angeführt: *Probleme können nicht mit derselben Denkweise gelöst werden, die sie hervorgebracht hat!*[128] Damit werden wir aufgefordert, ein »neues Denken« zu erfinden, da wir mit dem »alten« nun einmal offenkundig nicht mehr weiterkommen. Abgesehen davon, dass die Echtheit des Zitats infrage steht,[129] lautet doch die Frage, ob wir wirklich ein *neues* Denken brauchen, das sich von dem bisherigen in jeder Hinsicht unterscheidet, das wir also erst erfinden müssten. Oder ist es nicht schon hilfreich, überhaupt zu denken? Dass das Denken sich mit neuen Problemen befassen, und daran wachsen muss, ist eine Selbstverständlichkeit. Denn Denken ist vor allem Problemlösungskompetenz, die sich jeweils auf die Komplexität der anstehenden Probleme einstellt. In jedem Fall muss es ein kritisches Denken sein, auch gegenüber sich selbst. Denn ebenso wenig wie eine Superintelligenz ist die Vernunft an sich der kommende Gott, der uns rettet. Aber sie ist immerhin das menschliche Vermögen, die Welt nach menschlichen Maßstäben zu verstehen und zu gestalten, das uns überhaupt bis hierhergebracht hat, und uns deshalb auch weiterhelfen kann, wenn wir sie richtig gebrauchen. Nicht mehr, aber auch nicht weniger.

Setzen wir also die Besinnung auf die Vernunft vor die Frage, wie wir jetzt handeln müssen. Dazu gehören auch klare Grenzen, die wir der Technik angesichts ihrer enormen Folgewirkungen setzen müssen.

16 Regeln für den Maschinenpark

»Es gibt zwei gefährliche Abwege: 1. die Vernunft schlechthin abzulegen und 2. außer der Vernunft nichts anzuerkennen.«
Blaise Pascal, Gedanken

Günter Anders beschreibt den modernen Menschen als »Hofzwerg seines eigenen Maschinenparks«,[130] der sich angesichts der Perfektion seiner technischen Schöpfungen der eigenen Unzulänglichkeiten schämt. Inzwischen sind wir dabei, zu Hofnarren der Technik zu werden, denen scheinbar nur noch zynische Kommentare zu einem ansonsten angeblich alternativlosen Prozess der Technisierung bleiben. Doch KI, diese vorerst wohl perfekteste menschliche Schöpfung – auch wenn es von »perfekt« streng genommen keinen Superlativ geben kann, sei er hier als ironische Ausnahme gestattet – erweist sich genau in dem Bereich als unzulänglich, die der Mensch zugunsten seiner wissenschaftlich-technischen Vernunft sträflich vernachlässigt hat: der praktischen und politischen Vernunft. Folge dieser Vernachlässigung ist, dass vom einstigen emphathischen Fortschrittsbegriff der Moderne, die einmal als Freiheitsprojekt angelegt war, heute bei vielen nur noch die Vorstellung einer Technik bleibt, die sich selbst immer weiter optimiert.

Was also tun?

Da KI eine Hochrisikotechnologie ist, darf ihr Gebrauch nicht dazu führen, dass künftige Generationen nicht mehr in Freiheit leben können. Der Prozess der Einschränkung der Freiheit durch digitale Technologien kann ähnlich irreversibel sein wie der Klimawandel. Denn durch die Überwachungs- und Manipulationsmöglichkeiten dieser Technologie ließe sich eine Rückkehr zur Freiheit ausschließen, ähnlich wie die Erhitzung der Erde über einen bestimmten Kipppunkt hinaus wohl kaum noch zu bremsen wäre. Und es ist ein in gleicher Weise fast unmerklich, aber dabei unerbittlich sich vollziehender Wandel, der allerdings in beiden Fällen nicht alternativlos ist – noch nicht. Eine umfassende Technologiefolgenabschätzung muss deshalb heute die Fernwirkungen dieser mächtigen Technologie auf künftige Generationen erforschen und klare Grenzen ziehen: Die Folgen von KI dürfen die institutionellen Bedingungen für ein Leben in Freiheit nicht zerstören. Hierzu müssen der Entwicklung und dem Einsatz von KI ebenso rote Linien gezogen werden, wie der immer weiterwachsenden Macht digitaler Konzerne.

Das wegweisende Urteil des Bundesverfassungsgerichtes zum Klimaschutz ist hier analog anzuwenden, mit der Folge, dass der Einsatz von KI nicht dazu führen darf, dass die Freiheit in Zukunft eingeschränkt wird.[131] Das höchste deutsche Gericht hat schärfere Maßnahmen zum Klimaschutz angemahnt, da Nichthandeln heute den Verlust von Freiheit für künftige Generationen bedeutet: »Das Grundgesetz verpflichtet unter bestimmten Voraussetzungen zur Sicherung grundrechtsgeschützter Freiheit über die Zeit und zur verhältnismäßigen Verteilung von Freiheitschancen über Generationen.« Das Urteil wurde vielfach als Stärkung der Klimabewegung interpretiert, dabei darf nicht übersehen werden, dass das Gericht auch festhielt, dass Klimaschutz »keinen unbedingten Vorzug gegenüber anderen Belangen (genießt), sondern im Konfliktfall in einen Ausgleich mit anderen Verfassungsrechtsgütern und Verfassungsprinzipien zu bringen (ist).« Dieser Ausgleich ist die ständige Aufgabe der Politik.

Für ein menschenwürdiges Leben in der digitalen Zukunft wird es jedenfalls unverzichtbar sein, das Kontrollproblem der KI zu lösen. Und zwar in seinem Doppelsinn: Es muss technologisch gelöst werden, indem Wege und Mittel gefunden werden, die KI auch als potenzielle Superintelligenz kontrollierbar und beherrschbar machen. Und es muss bereits heute das politische Kontrollproblem gelöst werden über eine immense technologisch-ökonomische Macht, die sich digitalen Technologien und

KI verdankt. Die Frage lautet, wie sich die ungeheurere Überwachungs- und Manipulationsmacht, die durch KI-Systeme ermöglicht wird, demokratisch beherrschen lässt.

Hierbei empfiehlt es sich, aus den reichhaltigen geschichtlichen Erfahrungen der Menschheit mit dem Thema Macht zu lernen. Macht ist ganz allgemein zunächst die Fähigkeit, andere zu bestimmten Handlungen zu bewegen und damit zunächst Gestaltungsmacht. Das kann mit der Zustimmung aller Beteiligten erfolgen, die gemeinsam etwas beschließen, was dem durch Hannah Arendt definierten Begriff legitimer Macht entspricht. Wird die Macht gegen den Willen oder ohne die Zustimmung der Beteiligten ausgeübt, handelt es sich um nicht legitimierte Machtausübung, wie sie Max Weber in seiner Machtdefinition beschrieb. Die vergangenen zehntausend Jahre der Zivilisationsgeschichte belegen: Machtmissbrauch geht mit dem Zuwachs an Macht und ihrer Konzentration an wenigen Schaltstellen Hand in Hand. Die Lehre, die die Menschen nach vielen traumatischen Erfahrungen mit Machtmissbrauch gezogen haben, lautet: Macht muss ständig kritisiert und aufgeteilt werden, nur so bleibt sie kontrollierbar. Ihre Ausübung muss an Legalitätsprinzipien gebunden werden. Das bedeutet, dass diejenigen, die Macht ausüben, dafür gute vernünftige Gründe angeben müssen, die im offenen Diskurs der Meinungen überzeugen. Und sie müssen sich ständiger Kritik stellen. Die Demokratie mit ihrer Gewaltenteilung und dem Rechtsstaatsprinzip ist das Kondensat dieser Erfahrungen. Sie stellt so streng genommen kein weiteres System dar, sondern ist die historisch bestmögliche Antwort auf die systemischen Zwänge großer Machtballung, seien sie politisch, ökonomisch oder technologisch bedingt, in der die Macht der Regierung durch Parlament, Gerichtsbarkeit und die Presse als vierte Gewalt im Staat kontrolliert wird.

Wenn Macht heute vor allem technische Macht ist, muss die Macht der Technik kontrolliert werden, ebenso die Macht der Konzerne, die sich ihrer bemächtigen. Die Frage ist, wie wirksam eine solche Kontrolle überhaupt sein kann, wenn die Machtakkumulation an sich zugelassen wird, wie das insbesondere in den vergangen drei Jahrzehnten der Fall war. Die richtige Lehre aus dieser Machtkonzentration wäre es, das Prinzip der Gewaltenteilung auch in der Technologie einzuführen. Damit würde sich auch der Fragehorizont im Umgang mit Technik verschieben: Nicht was wir mit Technik tun *können*[132], sondern was wir tun *sollen*, um die Auswirkungen der Technik zum allgemein Guten zu gestalten, muss die Frage sein.

Ein erster Schritt ist der *Digital Services Act*, den die EU-Kommission vorgeschlagen hat, und der diese Fragen angeht. Er ist aber wie viele Vorschläge der Kommission zu schüchtern. Insbesondere hebt er das Plattformprivileg nicht auf, das als Subvention der Internetwirtschaft in Amerika um die Jahrtausendwende eingeführt wurde. John Perry Barlow, der Autor des Manifests zur Unabhängigkeit des Cyberspace, hatte sich damals in letzter Minute im Gesetzgebungsverfahren des Kongresses mit der Idee durchgesetzt, dass die Plattformen nur dann für rechtswidrige Inhalte haften, die Dritte auf ihnen veröffentlichen, wenn sie von Dritten auf diese aufmerksam gemacht werden. Heute sind es Shitstormorganisierer aus der Zivilgesellschaft, manche mithilfe amerikanischen Geldes, die mit der Forderung »keine Uploadfilter« eine Lüge aufrechterhalten und verbreiten. Nämlich die, es gäbe bisher keine Uploadfilter im freien Reich des Cyberspace. Tatsache ist aber: Alle großen Plattformen, die mit Werbung Geld verdienen, indem Sie die Werbung in den Kontext der von Dritten hochgeladenen Inhalte postieren, ob Youtube zwischen Videos, Facebook und Instagram zwischen Fotos und Twitter zwischen Kurznachrichten, verwenden Uploadfilter in Form von Systemen, die sofort erkennen, welche Inhalte hochgeladen werden, um dann gleich die entsprechend passende Werbung daneben zu posten. Wir erinnern an die Rolle des Facebook-Algorithmus am 6. Januar 2021: Ohne Uploadfilter hätte Facebook den Kapitol-Stürmern keine Militaria-Werbung einspielen können.

Uploadfilter für die Überwachungs- und Manipulationszwecke der Werbeindustrie stellen offenbar für die Freiheitskämpfer des Cyberspace kein Problem dar, solche, die das demokratische Zusammenleben nach Gesetzen regeln sollen, aber sehr wohl.

Diejenigen, und zu ihnen gehört leider auch die EU-Kommission in ihrem Vorschlag zum *Digital Services Act*, die nun sagen »keine Uploadfilter«, trauen sich in Wirklichkeit nicht, einfach zuzugeben, dass die digitale Welt um uns herum schon voll von ihnen ist. Allerdings nur mit Uploadfiltern, mit denen die Konzerne Milliardenprofite machen. Und sie trauen sich nicht zu fordern, dass diese Uploadfilter, die ja längst da sind, auch im öffentlichen Interesse eingesetzt werden sollen, etwa um klare Hass- und Gewaltaufforderungen auf dem Internet zu unterbinden. Wir müssen uns in der Diskussion um die Regulierung des Internets endlich ehrlich machen und das öffentliche Interesse in den Vordergrund stellen, anstatt die unregulierte Freiheit und die Profite der Konzerne zu schützen, die letztlich unsere Freiheit und unsere Demokratie und unser Zusammenleben zerstören werden, wenn wir sie nicht ordentlich und verbindlich regulieren.

Um die Hochrisikotechnologie KI insgesamt angesichts der ungelösten Kontrollprobleme demokratisch zu domestizieren, bedarf es großer Anstrengungen. Das Vorhaben kann nur gelingen, wenn Europa und die USA an einem Strang ziehen. Und danach sieht es zumindest am Beginn der Biden-Administration auch aus.[133] Nach dem Trauma der Kapitol-Erstürmung hat auch in den USA ein Umdenken begonnen. Die Faszination, die von einer immer smarteren digitalen Technik ausgeht, und die das Wachstum der GAFAM-Konzerne mit ermöglicht hat, weicht einer Besinnung, die auch die negativen Auswirkungen auf die Gesellschaft endlich in den Blick nimmt. Eine notwendige Korrektur, denn die Konzernlenker allein können, verführt durch die Magie ihrer Technologie und die sagenhaften Gewinne ihrer Unternehmen, kaum zu den Kritikern der digitalen Auswüchse werden, die eine lebensfähige Demokratie dringend benötigt. Es wird nicht anders gehen, als dass demokratisch legitimierte Gesetzgebung die Verantwortung für diese mächtige Technologie durch klare Regeln und harte Sanktionen einfordert, weil sie durch Selbstregulierung nicht erbracht werden kann.

Einige Vorschläge, die aus den vorangegangenen Überlegungen folgen, könnten Elemente der dringend erforderlichen Regeln für den digitalen Maschinenpark sein:

- Das Täuschungsspiel muss verbindlich enden, wo es um Wahrheitsfragen und um Meinungsbildung und damit um den Kern demokratischer Prozesse geht. Eine der zentralen Forderungen künftiger Regulierung muss deshalb sein, dass überall dort, wo uns KI gegenübertritt, eine absolute Kennzeichnungspflicht gelten muss. Wann immer KI in die Kommunikation eingebunden wird, sei es auf Social Media oder am Telefon, in der Presse oder in sprachlichen Dialogsystemen, muss deutlich gekennzeichnet werden, dass es eine KI ist, die da spricht, und kein Mensch. Und dabei müssen sowohl die Hersteller von KI-Programmen als auch ihre Anwender und Nutzer verpflichtet werden, das immer klarzustellen. Schon heute gibt es nahezu perfekte Sprachsysteme, die Anrufe tätigen, bei denen sie jeden Turing-Test bestehen, weil sie den Menschen am anderen Ende der Leitung perfekt täuschen können. Wenn wir aber nicht mehr wissen, ob wir mit einem Menschen oder mit einer Maschine kommunizieren, ist die Demokratie am Ende. Im Vorschlag der Europäischen Kommission zur Regulierung der KI vom April 2021 ist der Grundgedanke der Kennzeichnungspflicht zwar aufgenommen. Aber die vorgeschlagene Verordnung würde nur die Hersteller von KI-Programmen verpflichten, nicht aber Zwischennutzer, die aus diesen Programmen weitere Anwendungen entwickeln. Die vorgeschlagene Regelung greift deshalb zu kurz. Im Ergebnis muss gesetzlich festgelegt werden: Jeder, der KI einsetzt, die mit Menschen in Kontakt tritt, ob mit gesprochener Sprache oder geschriebener Sprache, zum Beispiel in Form eines Bots, muss auf Kennzeichnung verpflichtet werden, indem ohne Ausnahme angegeben werden muss, dass es sich um eine KI handelt. Und auch die großen Plattformen müssen verpflichtet werden, diese Pflicht gegenüber ihren kommerziellen Nutzern durchzusetzen. Hier darf es keine Regelungslücken für Schlaumeier und gierige Unternehmer, etwa aus der Werbeindustrie, geben. Es gibt leider zu viele, die liebend gerne andere Menschen täuschen, um damit Geld zu verdienen. Der Täuschung über die KI muss von Anfang ein sicherer Riegel vorgeschoben werden. Bei Social-Media Kommunikation geht es nicht nur um Werbeerlöse, sondern um Information und damit um fundamentale Wahrheitsfragen, die für die Demokratie essenziell sind. Täuschung als Prinzip der Öffentlichkeit gefährdet jede demokratische Ordnung, denn eine »Post-Truth-Democracy« kann es nicht geben.

- Besonderen Schutz braucht deshalb die Sphäre der demokratischen Öffentlichkeit. Das Recht auf informationelle Selbstbestimmung muss gegen die derzeitige Praxis digitaler Bevormundung durchgesetzt werden. Zusätzlich zur Abwehr der Macht großer Plattformen braucht es zur Sicherung eines unabhängigen Journalismus eine ganze Palette von Anstrengungen, wie etwa die Schaffung von dem Allgemeinwohl verpflichteten Plattformen. Schließlich sollte die Demokratie aus den Rückzugsgefechten gegen die Macht der Technologie wieder zur eigenen Gestaltung finden: Europa braucht eine eigene technische Infrastruktur, um eine digitale Öffentlichkeit zu ermöglichen, die nach demokratiekonformen Prinzipien arbeitet und das sichert, was die klassische Aufgabe der Presse ist: durch Berichte, Kommentierung und Kritik unabhängige Beiträge zur Meinungsbildung und Meinungsvielfalt zu leisten. Eine solche Plattform, die den Zugang zu Qualitätsinhalten für alle Bürger sicherstellt und einen Austausch ohne Echokammern und Filterblasen ermöglicht, würde zeigen, dass die besten digitalen Technologien etwa bei der zeitnahen Übersetzung fremdsprachiger Inhalte und der Suche nach ihnen, auch genutzt werden können, die Demokratie zu stärken, anstatt sie immer nur weiter zu unterminieren.

- Die Macht von Vorhersagesystemen auf der Basis persönlicher Daten muss eingeschränkt werden, um die Handlungsfreiheit der Einzelnen aber auch der politischen Systeme zu erhalten. Verhaltensvorhersagen über Menschen dürfen nur zu Zwecken des öffentlichen Interesses und auf gesetzlicher Grundlage erlaubt sein. Dass Facebook täglich bis zu dreitausend Verhaltensvorhersagen über jeden Nutzer macht, insgesamt sind es pro Tag sagenhafte zweihundert Billionen solcher Vorhersagen,[134] ist ein Skandal, da diese Praxis im Kern heute schon nach der Datenschutz-Grundverordnung (DSGVO) untersagt ist. Denn Verhaltensvorhersagen sind ebenfalls persönliche Daten, gerade sie können zu Manipulationszwecken missbraucht werden.
- Um demokratische Prinzipien, Grundrechte und das Prinzip der Rechtsstaatlichkeit zu sichern, muss die Hegemonie großer Plattformunternehmen durch wirksame Wettbewerbskontrolle eingeschränkt werden. Es braucht zudem klare Haftungsregeln, Transparenzvorschriften und eine kraftvolle Durchsetzung dieser Regeln. Angesichts der Dynamik von Plattformökonomien muss das gegenwärtige zu einem erneuerten, vorausschauenden Wettbewerbsrecht weiterentwickelt werden, das als scharfes Schwert die Machtambitionen der großen Player entgegentritt, um Innovation und Wettbewerb der Ideen zu fördern. Bisher dürfen die Wettbewerbshüter nur eingreifen, wenn der Schaden schon angerichtet ist. Da aber die Plattformen sich so schnell entwickeln und mögliche Schäden unübersehbar sind, sollten die Wettbewerbshüter ab einer

bestimmten Größe der Unternehmen und bei Plattformen ab einer bestimmten Anzahl von Nutzern auch vorbeugend eingreifen können, um Schäden für Markt und Demokratie abzuwenden. Die Vorschläge der Europäischen Kommission zum *Digital Markets Act* gehen in die richtige Richtung, sind aber zu zaghaft. Wir müssen bereit sein, der technologischen Macht mit starken Instrumenten der Gegenmacht entgegenzutreten und so die öffentlichen Interessen zu wahren.

- Entsprechend der systemischen Macht marktbeherrschender Plattformunternehmen müssen Regulierungen einerseits *asymmetrisch* und anderseits *ex ante* erfolgen. Das bedeutet, dass große Unternehmen ab einem bestimmten Einflusslevel adressiert und kleinere entlastet werden müssen. Die im Wettbewerbsrecht vorherrschende Sanktionierung von Marktmissbrauch, der immer nur im Nachhinein konstatiert werden kann, muss zum vorbeugenden Verhindern vorherrschender Stellungen übergehen. Eine Regelung, die bereits im deutschen Medienrecht verankert ist, wo durch Konzentrationsschwellen bereits das Entstehen vorherrschender Meinungsmacht im Ansatz unterbunden werden muss. Weil, so das BVerfG, sonst ein nicht mehr gutzumachender Schaden für die Demokratie entsteht. Konsequent wäre es, wenn dieses Prinzip in Zukunft europaweit auch auf die Plattformen angewendet würde, sofern sie Infrastruktur der öffentlichen Meinungsbildung sind. Denn dadurch würden sie den Medien gleichgestellt.

- Um die zu Monopolen drängende Logik der Plattformökonomie und ihres Prinzips *The winner takes it all* zu brechen, muss auch eine Interkonnektivitätsverpflichtung kommen, die die Plattformen verpflichtet, sich anderen Anbietern zu öffnen. Wie wir von einem Telefonnetz zum anderen telefonieren können, müssen wir in Zukunft auch Internetnachrichten von einem Netz in das anderen senden können, uns mit Freunden auf anderen Sozialen Netzen verbinden können und das von jedem Account aus. Nur so kann neuer Wettbewerb entstehen. Denn nur so wird der Plattformeffekt »da muss ich hin, weil schon alle meine Freunde da sind« – gebrochen, von dem die großen Plattformen heute profitieren und der einen neuen Markteintritt praktisch unmöglich macht.

- Ganz grundsätzlich muss an der bindenden Wirkung demokratisch legitimierten Rechts festgehalten werden. Die ständig versprochenen Selbstregulierungen der Industrie können nicht an seine Stelle treten. Zuletzt wurde das mehr als deutlich, als das sogenannte *Oversight Board* von Facebook, das aus unabhängigen Experten bestehen soll, die Entscheidung, ob Trumps Plattformsperre aufgehoben werden soll, an Marc Zuckerberg persönlich zurückgab. Doch eine solche Entscheidung darf nicht von Einzelpersonen nach ihren eigenen, selbst gemachten Regeln getroffen werden. Die Regeln, die solchen Entscheidungen zugrunde liegen, bedürfen der demokratischen Legitimation. Sie müssen durch Parlamente gemacht werden. Kein selbst ernannter digitaler Stammesführer und kein selbst ernannter Sohn des Himmels können dieses Recht beanspruchen. Ebenso wenig wie das Recht, selbst über dem Recht zu stehen.

Und schließlich:

- Es muss klare und nachprüfbare Anforderungen dafür geben, dass und wie hoch entwickelte KI-Systeme für die Interessen des Allgemeinwohls programmiert und eingesetzt werden, um die Kraft solcher Systeme auch für Aufgaben des Allgemeinwohls zu nutzen. Eine obligatorische Technikfolgenabschätzung bereits bei der Entwicklung und Programmierung von KI kann Schäden an Grundrechten und Demokratie verhindern.[135]
- Die Rechte des Individuums müssen gegen die ungeheure Macht der neuen Technologien nachhaltig gestärkt werden.

- Technikexperten, politische Entscheidungsträger und Zivilgesellschaft müssen in einen offenen und öffentlichen Dialog treten, der von der gemeinsamen Suche nach Lösungen angesichts der Risiken von KI geprägt ist.

Natürlich könnte man es auch mit Appellen an die Werbebranche versuchen, auf Plattformen, die die Demokratie im Kern angreifen und destabilisieren, keine Geschäfte mehr zu machen. Eine derartige Initiative regt sich im Anschluss an die Erstürmung des Kapitols gegen Facebook.[136] Ein klassisches Argument für einen solchen Boykott könnte man den Erkenntnissen der Werbebranche selbst entnehmen, die weiß, dass das Umfeld die Wirkung der Werbung mitbestimmt. Aber das hat bisher eben so wenig Milliardeninvestitionen von Qualitäts- und Markenherstellern in fragwürdige Trash-TV-Formate verhindert, wie in noch fragwürdigere Internetplattformen. In der Werbung, so scheint es, heiligt eben der Zweck die Milliarden. Auch sind solche Boykotte ungeeignet, weil wirtschaftliche Macht nicht an die Stelle demokratisch legitimierter Entscheidungen treten darf.

Die wichtigste Forderung besteht darin, vorrangig das KI-Kontrollproblem zu lösen und ihm mindestens so viel Aufmerksamkeit und Entwicklungsanstrengung zu widmen, wie dem massiven Vorantreiben der KI-Entwicklung. Dann müssen klare rote Linien gezogen werden, was KI darf und was sie niemals darf. Strenge Sanktionen müssen insbesondere in den Hochrisikotechnologien gelten. Denn Freiheit schießt auch die Freiheit ein, zu bestimmten Folgen der Technik »Nein« zu sagen.

17 Digitale Vernunft?

»Alles prüfe der Mensch, sagen die Himmlischen,
Daß er, kräftig genährt, danken für Alles lern,
Und verstehe die Freiheit,
Aufzubrechen, wohin er will.«
Friedrich Hölderlin

Wir brauchen nicht so sehr eine Digitalisierung der Vernunft, als eine vernünftige Gestaltung des Digitalen. In jedem Fall brauchen wir eine durch das Digitale und über das Digitale aufgeklärte praktische und politische Vernunft, die der weiteren Entwicklung Künstlicher Intelligenz die Leitlinien und die Ziele vorgibt. Eine Renaissance kritischen Denkens ist notwendig, die sich nicht länger von den Narrativen der technologischen Macht zum Narren halten lässt. Eine neue Aufklärung tut Not, die die größte Umwälzung seit der industriellen Revolution begleiten muss, die nach der physischen Muskelkraft nun auch unser Denken automatisieren will.

Doch dazu müssen wir auch das Vertrauen in das Vermögen erneuern, das der Mensch im Laufe seiner Entwicklungsgeschichte zur Welterkenntnis und Selbststeuerung ausgebildet hat, zur Orientierung eines gefährdeten Lebens in einer unsicheren Welt: in seine Vernunft. Vernunft als das Unterscheidungsvermögen, das es erlaubt, nach wiederum vernünftigen und damit menschlichen Maßstäben, Kritik zu üben und Macht und Geltung zu unterscheiden. Tappt dieses Vermögen in die Falle seiner eigenen kritischen Selbstüberbietung, in der es die eigenen Kriterien der Kritik zerstört, während gleichzeitig eine entfesselte einseitige Rationalität den Technik-Turbo einschaltet, tritt am Ende an die Stelle der Macht des Rechts als Herrschaftsprinzip das Recht der Macht durch Technik und Wirtschaft. Heute muss die Vernunft vor allem gegen die gebildeten unter ihren Verächtern verteidigt werden. Die im postmodernen Denken beliebte Gleichsetzung von Zivilisation mit Zwang, die die vernünftige Entwicklung der Moderne nur auf reine Herrschaftsideologie verkürzt und in die paradoxen Denkfiguren des Identitätsdenkens führt, hat ihren befreienden Impuls zuletzt mit der Ausrufung des freien Reiches des Cyberspace eingebüßt, aus dem dann ein weltweites Überwachungssystem wurde, das einen neuen digital entfesselten Kapitalismus antreibt. Wenn die technisch hoch gerüstete mathematisch-logische Teilrationalität noch dazu als überlegene Entscheidungsinstanz ausgerufen und genutzt wird, ist der Niedergang der Vernunft und der Demokratie kaum mehr abzuwenden. Wir brauchen aber vernünftige und damit menschliche Kriterien und Maßstäbe sowie demokratische Regeln auf dieser Grundlage – in der technischen Welt stärker als je zuvor. Vielleicht sollen wir es einfach mal damit probieren, mehr Vernunft zu wagen.

Die Steuerung und die Kontrolle der komplexen modernen Technik erfolgen schon heute größtenteils durch KI. Ob in der Finanzwirtschaft, dem Versicherungswesen, der Energieversorgung, dem Transport von Menschen und Material – ohne KI sind die grundlegenden Prozesse moderner Gesellschaften nicht mehr zu handhaben. KI ist damit die Technik der Technik, bei der sich die Frage stellt, wer sie wiederum steuert und kontrolliert. Wir haben gesehen, dass sich diese Technik der Technik nicht durch Technik allein kontrollieren lässt, und das schon aus fundamentalen Gründen, die in der Logik der Algorithmen selbst tief verwurzelt sind.

Dieser Befund stellt in gewisser Weise auch eine positive Nachricht dar: Wir sind nicht nur gefordert, wenn es um die Zukunft geht, wir sind als Menschen schon heute unverzichtbar. Das Denken des Denkens kann helfen, der Technik den Weg zu weisen. Fatal wäre es, die Zukunft dem Digitalen selbst anzuvertrauen und vom Versprechen digitaler Narrative verführt, sich der selbstverstärkenden technologischen Beschleunigung und der technischen Optimierung zu überlassen. Stattdessen wird es weiterhin unverzichtbar sein, selbst zu denken. Fest steht aber auch: KI hat das Potenzial, das Denken zu schwächen, ebenso wie ihre Ideologie des technologischen Solutionismus, die eine Lösung aller Probleme und der Verbesserung der Welt und des Menschen durch Technik allein verspricht. Sie ist gefährlich, weil sie die Freiheit und Demokratie bedroht und einen schleichenden Entmündigungsprozess befördert.

Die Probleme der globalisierten Welt mögen so groß und komplex erscheinen, dass sich eine durch Selbstkritik erschöpfte Vernunft ihre Lösung nicht mehr zutraut und sie an eine angeblich überlegene systemische Entität abtritt, um sich stattdessen ganz dem partikularistischen Gruppen- und Kulturkampf zu widmen. Die damit verbundene Selbstverzwergung postmoderner Vernunft und der Rückzug auf symbolische und kulturelle Konfliktfelder kann allerdings keine Antworten auf die drängenden globalen Probleme liefern. Im Gegenteil: Durch den Rückzug der Vernunft wird auch das Recht geschwächt, das eigentlich zum globalen Ordnungssystem entwickelt werden muss, wenn die Herrschaft nicht der planetarischen Technik oder autokratischer Macht überlassen werden soll. Die Quelle von rechtlichen Normen sind die Reflexionen der Vernunft, nicht die Reflexe, die durch polarisierende KI gesteuerte Debatten erzeugt werden. Mit der Vernunft als Quelle kann das Naturrecht in ein Vernunftrecht überführt werden, das am Ende wieder ein Naturrecht wird: Ein Recht, dass die Rechte der Natur achtet. Das Recht ist auf die Vernunft angewiesen, ihre Reflexionen sind Ursprung der Normen, Instrument der Kritik und Anker der Urteilskraft. Nur im Rahmen einer robusten Rechtsordnung, die die Menschenrechte achtet und die Demokratie sichert, kann KI ihr dem Menschen dienendes Potenzial entfalten. Wir müssen deshalb die Herrschaft des Rechts gegen die Macht der Technologie sichern. Dafür brauchen wir weiterhin die kritische Vernunft, eine breite öffentliche Debatte über Chancen und Risiken der KI und vor allem ein waches

Bewusstsein für die Bedeutung der Demokratie. Es bleibt keine Alternative, als der planetarischen Technik ein universalistisches Denken entgegenzusetzen, das Verständigung und gemeinsame Werte über Sprach- und Kulturgrenzen hinaus fördert und sich nicht in Relativismus und Irrationalismus verfängt und selbst schwächt. Das Digitale ist eben nur ein Teil des Denkens. Es kann uns helfen, das Denken zu stärken und zu entwickeln, aber nur, wenn die Vernunft den Algorithmus immer wieder kontrolliert, anstatt sich ihm anzupassen.

Eine hohe Fähigkeit zur Anpassung an wechselnde Umweltbedingungen hat, durch das generelle offene Vermögen der Vernunft begünstigt, dem Menschen seinen evolutionären Siegeszug an die Spitze der Nahrungskette ermöglicht. Was, wenn diese adaptive Fähigkeit nunmehr als Anpassung an die hoch entwickelte Technik dazu führt, dass das genuin Menschliche verloren geht? Eine solche Mimikry der Vernunft an Künstliche Intelligenz hätte einen hohen Preis.

Auch wenn die Cyborgs (noch) nicht an die Tür klopfen, um uns den Schlüssel zu unserem eigenen Leben aus der Hand zu nehmen, so sind doch KI-Systeme bereits heute in einem Umfang in unser Leben eingedrungen, der eine zunehmende Abdankung des *Animal rationale* schleichend vorantreibt: Immer mehr Entscheidungen legen wir in die unsichtbaren Hände algorithmischer Entscheidungssysteme. Um die Gefahr, der durch Personalisierung immer bequemer werdenden digitalen Bevormundung zuerkennen, ist es wichtig, die Funktionsweise der KI zu verstehen. Und zu erkennen, dass wir mit jedem Verzicht auf eigene Vernunft, das System der KI stärken. KI-Systeme mögen immer menschenähnlicher werden – doch sie werden nach Lage der Dinge wohl nie das erlangen, was wir Bewusstsein nennen. Gleichwohl verändern sie das Bewusstsein der Menschen schon heute massiv und haben das Potenzial, seine Vernunft zu zerstören.

Es ist offen, ob eine Superintelligenz entsteht. Aber auch ohne, dass eine superintelligente KI jemals Bewusstsein erreicht, können die Auswirkungen hoch entwickelter KI katastrophal sein. Daher müssen ihre Folgen schon vor ihrem Entstehen gründlich untersucht, und wirksame Kontrollmaßnahmen entwickelt werden. KI kann anderseits aber auch helfen, die Strukturen der modernen und komplexen Welt zu begreifen. Dabei dürfen wir nicht vergessen, dass KI nur helfen kann, die Welt zu beschreiben, wie sie *ist*. Sie kann uns nicht sagen, wie sie sein *soll*. Das geht nur durch politische Vernunft, nicht durch eine technologische Ideologie. Der Weltgeist wohnt nicht im Silicon Valley. Dort sitzt nur eine Bayesianische Sekte,[137] deren einziger Gott die Wahrscheinlichkeit ist, der am Enden nur den Schein anstatt der Wahrheit erzeugt.

Unsere Ausgangsanalyse setzte mit der Frage ein, warum ausgerechnet in dem Moment, in dem nahezu das gesamte Wissen der Menschheit zugänglich ist, Wirklichkeit und Wahrheit derart verkürzt und manipuliert werden, wie wir es derzeit erleben. Hinter dem Paradox des Digitalen kam das Paradox der Moderne und damit das Paradox der Vernunft zutage. Kein Wunder, denn auch wir Menschen sind widersprüchliche Wesen. Wir haben gesehen, dass es vor allem der Schlaf der politischen Vernunft war, der technologische Ungeheuer gebar, und dass die Vernunft das Potenzial hat, aus den Dilemmata herauszuhelfen, die sie selbst mit herbeigeführt hat. Und das muss sie auch.

Noch sind wir nur in der Bequemlichkeitsfalle. Wir kritisieren die digitalen Dienste zwar, nutzen sie aber. Wenn sich gegen wirksame Regulierung Internetaktivisten auflehnen, folgen ihnen andere Nutzer aus Angst vor dem Ende des *Free Internet Model*, das ihnen als der Weg zur Freiheit verkauft wurde. Diese Haltung führt zusätzlich in die Innovationsfalle. Denn der Mix aus Wahrscheinlichkeitsberechnungen, Mustererkennung und Zufallsgeneratoren kann selbst, wenn er im Falle des Maschinellen Lernens in der Lage ist, neue Ursachen zu setzen, nicht die Rolle der menschlichen Schöpfungskraft ausfüllen. Die Suche nach besseren Lösungen, neuen Wegen, neuen Ideen basiert beim Menschen auf der Fähigkeit zur Kritik am Bestehenden, am Spüren der Unzufriedenheit mit dem Schon-Dagewesenen, dem Verlangen nach neuen Entwürfen des Selbst- und Weltverständnisses. Dazu bedient sich der Mensch seiner Vorstellungskraft, seiner Fantasie, aber auch seinen Wünschen, seinem Begehren, seinen Sehnsüchten und Träumen. Aber wenn er zu bequem wird, diese Fähigkeiten zu nutzen, können sie ihm auch nicht mehr helfen. Und das wäre schlimm, denn nichts davon kann KI einbringen in die Vorstellung einer Welt von morgen. Viel kann aber die Vernunft leisten, wenn wir sie weiter als ein offenes, vielfältiges Vermögen des Menschen verstehen, das hilft, ein offenes, freies und vielfältiges Zusammenleben der Menschen zu gestalten.

In die Technologiefalle geraten wir schließlich, wenn wir weiter Milliarden in eine ungebremste KI-Entwicklung investieren, von der wir die Lösung aller Probleme erhoffen, ohne dass das Kontrollproblem gelöst ist. Die Investitionen müssten aber angesichts der Risiken zuallererst zum Ziel haben, eben dieses Kontrollproblem zu lösen. Das erfordert auch eine neue Aufklärung über die Chancen und Risiken des Digitalen. Unabhängige Forscher und Wissenschaftler sowie eine breite Zivilgesellschaft müssen diese Aufklärung gemeinsam tragen und voranbringen. Denn wenn eine Superintelligenz, und sei es auch nur in Teilbereichen, entstehen würde, hätte das für die gesamte Menschheit gravierende Folgen.

Mindestens eine Hoffnung bleibt: Vielleicht haben angesichts dieser drängenden Fragen mehr und mehr Menschen Freude am Denken als immer nur Spaß an der Technik. Denn auch in Zukunft gilt: Selbst denken macht klug.

Helfen wir ihr auf die Beine, der menschlichen Vernunft, indem wir uns ihrer bedienen!

Denn der vernünftige Weg ist allein noch offen.

Danke für den Austausch der Gedanken

Dieses Buch beruht auf Gedanken, die durch zahlreiche Kommentare und Diskussionen meines gemeinsam mit Paul Nemitz verfassten Buches *Prinzip Mensch. Macht, Freiheit und Demokratie im Zeitalter Künstlicher Intelligenz* entstanden sind. All denen, die sich daran beteiligt haben, gilt mein Dank. Allen voran Paul Nemitz für die Fortsetzung des engen und freundschaftlichen Austausches und Uwe Optenhögel und Alexander Behrens für das Vertrauen und das hilfreiche Lektorat. Ein Dank geht auch an die Professoren der Universität Hamburg, die die Begeisterung für philosophische Fragen früh in mir bestärkten und bis heute am Leben hielten. Vor allem an Herbert Schnädelbach und Stefan Blessin.

Über den Autor

Matthias Pfeffer
geb. 1961, freier TV-Journalist, Produzent und Philosoph, war 20 Jahre lang Geschäftsführer und Chefredakteur von FOCUS TV, hat zahllose TV-Formate entwickelt und produziert. Er hat sich viele Jahre mit KI befasst und darüber geschrieben. Sein letztes Buch *Prinzip Mensch. Macht, Freiheit und Demokratie im Zeitalter Künstlicher Intelligenz* (mit Paul Nemitz) schaffte es auf die Shortlist »Das Politische Buch« der Friedrich-Ebert-Stiftung. Pfeffer lebt in Berlin und in München.

Anmerkungen

1 Quelle: <https://www.buzzfeednews.com/article/ryanmac/facebook-profits-military-gear-ads-capitol-riot>.

2 Quelle: The Mark Up, 14.1.2021 <https://themarkup.org/citizen-browser/2021/01/14/biden-and-trump-voters-were-exposed-to-radically-different-coverage-of-the-capitol-riot-on-facebook>.

3 Shoshanna Zuboff: Das Zeitalter des Überwachungskapitalismus, Frankfurt a. M./New York 2019; siehe ferner:
Nemitz/Pfeffer: Prinzip Mensch, Macht, Freiheit und Demokratie im Zeitalter Künstlicher Intelligenz, Bonn 2020, S. 72 ff.

4 Stuart Russel: Human Compatible, Künstliche Intelligenz und wie der Mensch die Kontrolle über superintelligente Maschinen behält, Frechen 2020, S. 16.

5 Quelle: New York Times, 5.2.2021 <https://www.nytimes.com/2021/02/05/opinion/capitol-attack-cellphone-data.html>.

6 So eine Umfrage des Instituts für Demoskopie Allensbach, Quelle: FAZ 16.6.2021 <https://www.faz.net/aktuell/politik/inland/allensbach-umfrage-viele-zweifeln-an-meinungsfreiheit-in-deutschland-17390954.html?GEPC=s5&premium=0xab8030c2196023d37d10a3aa43f7bc99>.

7 Eine immer noch sehr lesenswerte Betrachtung zu der Entstehung des postmodernen »French Thinking« bieten Luc Ferry und Alain Renaut in: Antihumanistisches Denken. Gegen die französischen Meisterphilosophen, München 1987.

8 Abrufbar auf der Seite der Electronic Frontier Foundation: <https://www.eff.org/de/cyberspace-independence>.

9 Führend dabei vor allem der Futurist Ray Kurzweil, der die Entwicklungsabteilung von Googles Mutterfirma Alphabet leitet. Siehe: Ray Kurzweil: Menschheit 2.0. Die Singularität naht, Berlin 2014; sowie Nemitz/Pfeffer, a. a. O. S. 112 ff; siehe auch die Singularity University, die Kurzweil zusammen mit dem Transhumanisten Peter Diamandis gegründet hat <https://su.org/>.

10 Das manchmal auch als »nulltes Gesetz« bezeichnet wird.

11 Irving John Good: Speculations concerning the first ultraintelligent Machines, Advances in Computers, 1966, S. 31 und 33 <https://exhibits.stanford.edu/feigenbaum/catalog/gz727rg3869>. So auch: Nils Bostrom: Superintelligenz. Szenarien einer kommenden Revolution, Berlin 2014, S. 43: »Die erste ultraintelligente Erfindung ist also die letzte Erfindung, die der Mensch je machen muss.«

12 Für diese Buch wurde u. a. verwendet Jerry Kaplan: Künstliche Intelligenz. Eine Einführung, Frechen 2017; sowie Russel, a. a. O.

13 Siehe dazu Russel, a. a. O.
14 So der Evolutionsbiologe Richard Dawkins in einem Tweet, Quelle: <https://www.faz.net/aktuell/wissen/kuenstliche-intelligenz-macht-ernst-im-biolabor-17079732.html>.
15 Ludwig Wittgenstein: Philosophische Untersuchungen, Frankfurt a. M. 1982, S. 79, § 109.
16 Thomas Jefferson: First Inaugural Address, zit. n. Al Gore: Angriff auf die Vernunft, München 2007, S. 41.
17 Quelle: Superintelligence cannot be contained: Lessons from Computability Theory <https://www.jair.org/index.php/jair/article/view/12202/26642>; siehe auch <https://www.mpg.de/16230184/0108-bild-computerwissenschaftler-superintelligente-maschinen-koennten-wir-nicht-kontrollieren-149835-x>.
18 Ebd.
19 Zit. n. Russel, a. a. O., S. 15.
20 Quelle: Deutschlandfunk 1.4.2021 <https://www.deutschlandfunk.de/algorithmen-im-fokus-ueberholt-china-die-usa-bei-der.676.de.html?dram:article_id=495101>.
21 Siehe auch Toby Walsh: 2062: Das Jahr, in dem die künstliche Intelligenz uns ebenbürtig sein wird, München 2019.
22 Robert Spaemann: Nach uns die Kernschmelze. Hybris im atomaren Zeitalter, Stuttgart 2011, S. 103.
23 Quelle: Welt, 24.10.2013 <https://www.welt.de/geschichte/article121167769/Menschheit-entging-bereits-1200-Atombomben-GAUs.html>.
24 Quelle: Süddeutsche Zeitung, 2.1.2021 <https://www.sueddeutsche.de/digital/usa-palantir-corona-impfung-diskriminierung-kapitalismus-1.5158261>.
25 Alle Einwände gegen einen solchen Algorithmus hat ein neunköpfiges Team interdisziplinärer Experten zusammengestellt: <https://www.researchgate.net/publication/350870973_Angesichts_von_Triage_und_Todesalgorithmen_Ist_die_heutige_daten-getriebene_Medizin_mit_der_Verfassung_vereinbar>.
26 Russel, a. a. O., S. 183 ff.
27 Quelle: <https://www.bundesaerztekammer.de/fileadmin/user_upload/downloads/pdf-Ordner/International/Deklaration_von_Genf_DE_2017.pdf>.
28 Alan M. Turing: Computing Machinery and Intelligence, MIND, Nr. 236, Oct.1950 abrufbar unter <https://phil415.pbworks.com/f/TuringComputing.pdf>; ders.: Können Maschinen denken?, deutsch und englisch: Ditzingen 2021.
29 Turing, a. a. O., S. 7.
30 Turing, a. a. O., S. 41.
31 Turing, a. a. O., S. 37.
32 Turing, a. a. O., S. 103.
33 Turing, a. a. O., S. 41.

34 Auch wenn es wohl wahrscheinlicher ist, dass die Verwendung des Apfels als Apple Logo auf das Buch Zeroes and Ones von Sadie Plant aus dem Jahr 1998 zurückgeht.

35 So die Philosophin Catrin Misselhorst am Ende ihrer klugen Untersuchung mit dem Titel: Künstliche Intelligenz und Empathie. Vom Leben mit Emotionserkennung, Sexrobotern und Co., Ditzingen 2021.

36 Mit Uncanny Valley, wörtlich unheimliches Tal, bezeichnet man die Akzeptanzlücke, die entsteht, wenn Roboter zu menschenähnlich werden.

37 Jaques Lacan: Das Spiegelstadium als Bildner der Ichfunktion, wie sie uns in der psychoanalytischen Erfahrung erscheint (1948), in: ders., Schriften I. Quadriga, Weinheim/Berlin 1986, S. 61–70, S. 70.

38 Russel, a. a. O., S. 150.

39 Russel, a. a. O., S. 61.

40 Russel, a. a. O., S. 270.

41 Quelle: The Guardian, 16.5.2021 <https://www.theguardian.com/books/2021/may/16/daniel-kahneman-clearly-ai-is-going-to-win-how-people-are-going-to-adjust-is-a-fascinating-problem-thinking-fast-and-slow>.

42 Siehe dazu Gerd Gigerenzer: Risiko. Wie man richtige Entscheidungen trifft, München 2013, S. 343.

43 Ebd.

44 Ebd.

45 Ernst Bloch: Spuren, Frankfurt a. M. 1969.

46 »One of the most cited papers in all philosophy.« The Times Literary Supplement, 25.2.2015, zit. n. Thomas Nagel: What is it like to be a bat?, Ditzingen 2016, Nachwort von Ulrich Diehl, S. 57.

47 Herbert Schnädelbach: Kant, Eine Einführung, Ditzingen 2018, S. 139.

48 Siehe dazu Herbert Schnädelbach: Philosophie, Band 1, Ein Grundkurs, Reinbeck 2003, S. 46 ff.

49 Nagel, a. a. O., S. 9.

50 Ned Block: Troubles with Functionalism in Perception and Cognition, University of Minnesota Press, 1978.

51 Originaltext GTP-3 im Guardian: Artificial Intelligence will not destroy humans. Believe me. I would sacrifice my existence for the sake of humankind. This, by the way, is a logically derived truth <https://www.theguardian.com/commentisfree/2020/sep/08/robot-wrote-this-article-gpt-3>.

52 Martin Heidegger: Was heißt Denken? Ditzingen 1994, S. 4 und 8.

53 Norbert Elias: Über den Prozess der Zivilisation, Soziogenetische und psychogenetische Untersuchungen, 2 Bände, Frankfurt a. M. 1976.

54 Anton M. Fischer: Martin Heidegger. Der gottlose Priester, Zürich 2008.

55 Siehe dazu Lothar Schäfer: Das Bacon-Projekt. Von der Erkenntnis, Nutzung und Schonung der Natur, Frankfurt a. M. 1993.

56 The Malicious Use of Artificial Intelligence: Forecasting, Prevention, and Mitigation Future of Humanity Institute, abrufbar unter <https://arxiv.org/

pdf/1802.07228.pdf>.

57 Billy Joy: Warum die Zukunft uns nicht braucht, abrufbar unter <https://de.scribd.com/document/31800496/Bill-Joy-Warum-die-Zukunft-uns-nicht-braucht>.

58 Zit. n. Martin Heidegger: Sein und Zeit, Tübingen 2006, S. 198.

59 Ebd.

60 Hans Jonas: Das Prinzip Verantwortung, Frankfurt a. M. 1979.

61 So fragt er an anderer Stelle: Heidegger Gesamt-Ausgabe, Band 29/30 Frankfurt a. M. 1983, S. 32.

62 Norbert Wiener: The Human Use of Human Beeings, New York 1954, S. 33.

63 Die Beantwortung der Frage begründete Rousseaus Ruhm. Auf Deutsch lautet die Frage: »Ob die Erneuerung der Wissenschaften und Künste dazu beigetragen habe, die Sitten zu bessern«. Gewinn für denjenigen, der die beste Antwort auf die Frage gibt, war eine Goldmedaille im Wert von 30 Pistolen.

64 Siehe dazu Thomas Rid: Maschinendämmerung. Eine kurze Geschichte der Kybernetik, Berlin 2016, S. 425.

65 Cicero: Academicae quaestiones 2,12.

66 Quelle: E. Elhacham/L. Ben-Uri/J. Grozovski u. a.: Global human-made mass exceeds all living biomass, Nature 588, 442–444 (2020) <https://www.nature.com/articles/s41586-020-3010-5>.

67 Siehe dazu Paul Nemitz/Matthias Pfeffer: Prinzip Mensch, Bonn 2020, S. 91 ff.

68 James Lovelock: Novozän, Das kommende Zeitalter der Hyperintelligenz, München 2021.

69 Zit. n. Lovelock, a. a. O., S. 126.

70 Ebd.

71 Lovelock, a. a. O., S. 156.

72 Lovelock, a. a. O., S.103.

73 Lovelock, a. a. O., S.107.

74 Lovelock, a. a. O., S. 128.

75 Lovelock, a. a. O., S. 111.

76 Lovelock, a. a. O., S.130.

77 Siehe dazu ausführlich: Nemitz/Pfeffer, a. a. O., S. 91 ff.

78 Das Zitat findet sich so bei Schelling nicht, die Originalstelle lautet: »Das höchste Ziel, sich selbst ganz Objekt zu werden, erreicht die Natur erst durch die höchste und letzte Reflexion, welche nichts anderes als der Mensch, oder, allgemeiner, das ist, was wir Vernunft nennen, durch welche zuerst die Natur vollständig in sich selbst zurückkehrt, und wodurch offenbar wird, daß die Natur ursprünglich identisch ist mit dem, was in uns als Intelligentes und Bewußtes erkannt wird«. Schelling, F.W.J., System des transzendentalen Idealismus, Einleitung § 1.

79 Siehe zum Beispiel Bruno Latour: Das Terrestrische Manifest, Berlin 2018.

80 Michael Kroker: Kroker's Look, 27.11.2018 < https://blog.wiwo.de/look-at-

it/2018/11/27/weltweite-datenmengen-sollen-bis-2025-auf-175-zetabyte-wachsen-8-mal-so-viel-wie-2017/>.

81 Zhao Tingyang: Alles unter dem Himmel. Vergangenheit und Zukunft der Weltordnung, Berlin 2020, S. 9.

82 Zhao, a. a. O., S. 9.

83 Zhao, a. a. O., S. 35.

84 Zhao, a. a. O., S. 35.

85 Zhao, a. a. O., S. 215.

86 Zhao, a. a. O., S. 214.

87 Zhao, a. a. O., S. 15.

88 Siehe dazu The Whole Earth, Kalifornien und das Verschwinden des Außen, Katalog zur Ausstellung, Haus der Kulturen der Welt, Berlin 2013; sowie Nemitz/Pfeffer, a. a. O., S. 90 ff.

89 Wie die Washington Post, 30.6.2021, berichtet, hat die Auswertung von Satellitenfotos ergeben, dass China insgesamt 145 neue Raketensilos für Atomwaffen baut.

90 Zhao, a. a. O, S. 50 ff.

91 Zhao, a. a. O., S. 89.

92 Zhao, a. a. O., S. 32.

93 Zhao, a. a. O., S. 35.

94 Zhao, a. a. O., S. 40.

95 Zhao, a. a. O., S. 15.

96 »Dass durch politische Entitäten wie Individuum, Nation, Staat, Religion definierte politische Logiken nicht in der Lage sind, eine Weltordnung allgemeiner Teilhabe zu entwickeln und Probleme im Weltmaßstab zu lösen, hat seine Ursache darin, dass durch Grenzen bestimmte Konzepte gedanklich nicht auf die Welt ausgerichtet sind und nicht auf die Welt vorbereiten«, Zhao, a. a. O., S. 213 – Das Gegenteil hat die europäische Aufklärung herausgearbeitet, insbesondere für Kant ist die Erkenntnis eigener Grenzen – inklusive der Grenzen des Wissens – die Voraussetzung für die Entwicklung universaler Freiheitsnormen. Siehe dazu Schnädelbach, Kant, a. a. O., und zu Hegels Freiheitsbegriff Georg W. Bertram: Hegels Phänomenologie des Geistes. Ein systematischer Kommentar, Stuttgart 2017, Anm. 95.

97 Zhao, a. a. O., S. 29.

98 Zit. n. Schnädelbach, Kant, S. 123.

99 Immanuel Kant: Idee zu einer allgemeinen Geschichte in weltbürgerlicher Absicht, A 394.

100 Kant: Idee, S. 195.

101 Zhao, a. a. O., S. 213.

102 Zhao, a. a. O., S. 13 ff.

103 Siehe dazu Nemitz/Pfeffer, a. a. O., insbesondere S. 90 ff.

104 Zhao, a. a. O., S. 213.

105 Abrufbar unter <https://freeditorial.com/en/books/eine-schwierigkeit-der-psychoanalyse/related-books>.

106 Arthur Schopenhauer: Die Welt als Wille und Vorstellung, Zürich 1977, 2. Band, 1. Teilband, S. 9.
107 Zur Kritik der postmodernen Philosophie immer noch erhellend: Habemas, Jürgen, Der philosophische Diskurs der Moderne, Frankfurt a. M. 1988 sowie Luc Ferry/Alain Renau: Antihumanistisches Denken, München 1987.
108 Hans Jonas: Prinzip Verantwortung. Versuch einer Ethik für die technologische Zivilisation, Frankfurt a. M. 1979.
109 So die Definition von Ernst Tugendhat: »Diejenigen Zustände eines Wesens nennen wir bewusst, von denen dieses Wesen ein unmittelbares Wissen hat«, ders.: Selbstbewusstsein und Selbstbestimmung, Sprachanalytische Untersuchungen, Frankfurt a. M. 1979, zit. n. Schnädelbach: Philosophie, Band 2, Ein Grundkurs, Reinbeck 2003, S. 672.
110 Kaplan, a. a. O., S. 87.
111 Russel, a. a. O., S. 195.
112 Russel, a. a. O., S. 25.
113 Ich folge hier und im Folgenden der Systematisierung Herbert Schnädelbachs, unter anderem in Philosophie, Band 1, S. 37 ff.; ders. über Vernunft, in: ders. (Hg.) Rationalität, Frankfurt a. M. 1984.
114 Siehe dazu unter anderem Dieter Henrich: Selbstverhältnisse, Stuttgart 1982; sowie Tugendhat, Selbstbewusstsein, sowie Volker Gerhard: Selbstbestimmung, Das Prinzip der Individualität, Ditzingen 1999.
115 Ludwig Wittgenstein a. a. O., S. 82, § 123.
116 Siehe dazu vor allem die Verbindung der sprachkritischen Wende mit der kritischen Transzendentalphilosophie Kants durch Karl Otto Apel: Transformation der Philosophie, 2 Bände, Frankfurt 1981.
117 Bertram, a. a. O., S. 22.
118 Ein Begriff, den Yuval Noah Harari in seinem Buch Homo Deus populär gemacht hat, auch wenn er ihn nicht erfunden hat. Das war wohl David Brooks 2013 in der New York Times: The Philosophy of Dataism <https://www.nytimes.com/2013/02/05/opinion/brooks-the-philosophy-of-data.html>.
119 Platon: Phaidros, 246a-257a, sowie Politeia IX 580d-581e.
120 Siehe dazu Francis Fukuyama: Identität. Wie der Verlust der Würde unsere Demokratie gefährdet, Hamburg 2019, und Peter Sloterdijk: Zorn und Zeit, Frankfurt a. M. 2006.
121 Siehe dazu insbesondere die fulminante Hegel-Biografie von Klaus Vieweg: Hegel. Der Philosoph der Freiheit, München 2019.
122 Fukuyama, a. a. O., S. 13.
123 Fukuyama, a. a. O., S. 14.
124 So etwa die Rede Xi Jingpings zum 100. Geburtstag der KP Chinas am 1.7.2021, in der Chinas Staats- und Parteichef Gegnern mit »Blutvergießen« droht <https://www.rnd.de/politik/100-jahre-kp-china-xi-droht-gegnern-mit-blutvergiessen-DXJUNQTAG2EGKAQMTCTMYY2ROQ.html>.
125 Übrigens steht in der chinesischen Kunst der Ochse für den triebhaften

und instinktiven Teil der menschlichen Natur, der zur sinnvollen Entfaltung seiner großen Kraft die geduldige und kluge Lenkung durch Intellekt und Weisheit des Reiters benötigt <https://de.wikipedia.org/wiki/Legende_von_der_Entstehung_des_Buches_Taoteking_auf_dem_Weg_des_Laotse_in_die_Emigration>.

126 So die bereits zitierte Gedichtzeile von Richard Brautigan, s. Anm. 69.

127 Ein Schachtelwort aus Destruktion und Konstruktion.

128 Dieses Zitat wird auch dem Digitalisierungsbericht des Wissenschaftlichen Beirates der Bundesregierung Globale Umweltveränderungen »Unsere gemeinsame digitale Zukunft« vorangestellt, abrufbar unter <https://www.wbgu.de/de/publikationen/publikation/unsere-gemeinsame-digitale-zukunft>.

129 Das Zitat ist nirgends als von Einstein stammend dokumentiert, als Quelle dient wahrscheinlich diese Stelle eines Einstein-Telegramms vom 25.5.1946 : »Unsere Welt steht vor einer Krise, die von denjenigen, die die Macht haben, große Entscheidungen zum Guten oder Bösen zu treffen, noch nicht wahrgenommen wurde. Die entfesselte Kraft des Atoms hat alles verändert, außer unserer Denkweise, und so treiben wir auf eine beispiellose Katastrophe zu. Wir brauchen sofort zweihunderttausend Dollar für eine landesweite Kampagne, um die Menschen wissen zu lassen, dass eine neue Art des Denkens notwendig ist, wenn die Menschheit überleben und sich auf höhere Ebenen bewegen soll.« Einstein fordert also Geld für die Aufklärung der Menschheit über die Gefahren der atomaren Technologie. Das »neue« Denken, das Einstein fordert, lässt sich so verstehen, dass die Menschen ethisch und politisch zu den Hervorbringungen des vorauseilenden technisch-wissenschaftlichen Denkens aufschließen sollen. Quelle des Telegramms: <https://web.archive.org/web/20140622171150/http://www.turnthetide.info/id54.htm>.

130 Günther Anders: Die Antiquiertheit des Menschen, Band I, S. 23.

131 Quelle: <https://www.bundesverfassungsgericht.de/SharedDocs/Entscheidungen/DE/2021/03/rs20210324_1bvr265618.html>.

132 Folgt man Harari, ist die zentrale Frage »auf dem Weg von Tieren zu Göttern«: Was können wir tun? Siehe dazu ders: Eine kurze Geschichte der Menschheit, München 2015, S. 506.

133 Wesentliche politische Forderungen hat 2021 eine transatlantische Expertengruppe formuliert, abrufbar unter <https://bostonglobalforum.org/news-and-events/news/in-defence-of-democracy-and-the-rule-of-law-in-the-age-of-artificial-intelligence/>.

134 Facebook führt etwa 200 Billionen Prognosen pro Tag durch, laut Yann LeCun, Chief of AI Development bei Facebook, 3. Mai 2018 um 8:03 Uhr auf Twitter <https://twitter.com/ylecun/status/991936213249650688>.

135 Vorschläge dazu hat die weltweit größte Ingenieursvereinigung für Elektronik und Elektrotechnik IEEE gemacht: <https://engagestandards.ieee.org/ieee-7000-2021-for-systems-design-ethical-concerns.html>.

136 Siehe Süddeutsche Zeitung, 30.6.2021 <https://www.sueddeutsche.de/digital/facebook-werbeboykott-zuckerberg-trump-1.4952718>; siehe ferner die Initiative Sleeping Giants, die Hass und Gewalt durch Werbeboykott stoppen will <https://twitter.com/slpng_giants>.

137 Thomas Bayes (1702–1761) war ein englischer Mathematiker, Statistiker und Philosoph, auf den der Satz von Bayes zurückgeht, der in der Wahrscheinlichkeitsrechnung große Bedeutung hat.